Mein Dank gilt Herrn Torsten Sommer und den beratenden
Rosenschulen, Frau Rönsch vom Rosarium Sangerhausen,
Frau Rebecca Johnson von „David Austin Roses",
Herrn Christian Schultheis, Frau Kigyossy - Schmidt und
Familie Bernardy - Fuchs.

Buchcover :
„**William Lobb**" mit Jungfer im Grünen; Roseneis;
die Edelrosen „**Acapella**" und
„**Duftrausch**" mit Wiesenblumen;
„Pirate´s Parrot"

Buchrückseite :
„**Kordes´ Rose Herkules**";
„**Red Blush**", ein „Maiden´s Blush" - Abkömmling
aus dem Jahr 1979;
eine Schale mit „**Quatre Saisons**"(klar rosa),
„**Du Maitre d´Ecole**" (dunkelrosa), „**Quatre Saisons blanc
mousseaux**" (weiß) und „**Gloire de Jardins**" (violett);
die entzückende „**Paula Vapelle**"

Sidonie

Ungeahnte Verwandtschaft:
Die vom Dalai Lama gesegnete
„**Tibet - Rose**" (Schultheis) stammt
von „**Lichtkönigin Lucia**" ab.

„**Agnes Schilliger**" aus
dem Jahr 2002 ist eine
eher untypische
Rosa Generosa

Die robuste Stammform von **Rosa muscosa**

Cora Friedrichs

Robuste Rosen mit Duft Teil II

Mit Zeichnungen der Autorin

Impressum

© 2008 Cora Friedrichs

**Fotos: Cora Friedrichs, Werner Ruf,
Eva Schmidt, Christian Schultheis und
Franz Wänninger
Farb- und SW - Zeichnungen, Satz:
Cora Friedrichs
Bildlayout und Digitalarbeiten: Daniel Tolle
Roseneis und Pirate´s Parrot: Maria Hahn
Ossobuco: Silke Fuhrmann - Volkmar
Beschreibungen der Màrk - Rosen: E. Schmidt**

Bibliographische Information der Deutschen Bibliothek:
Die Deutsche Bibliothek verzeichnet diese Publikation in der
Deutschen Nationalbibliographie; detaillierte bibliographische Daten
sind im Internet über http://dnb.ddb.de abrufbar.
Herstellung und Verlag: Books on Demand GmbH, Norderstedt
ISBN: 978 383 701 7250

**Die Farben der abgebildeten Rosen sind unter Umständen
aufgrund des Druckes etwas verfremdet.**

Inhalt:

Vorwort   Seite 8

Pflegeleichte Edel- und Beetrosen   Seite 12

Dicht gefüllte Riesenblüten   Seite 15

Wunderschöne Strauchrosen   Seite 23

Robuste Duftklimmer   Seite 32

Pflanzungen mit Rosen:

   Rosenduft im lichten Halbschatten   Seite 35
   Themenbeet Musik   Seite 42
   Ein Vorschlag für Gärtner, die ihre
   Koniferen satt haben   Seite 47
   Wildobstgehölzgruppe mit Rosen   Seite 50

Wahren Sie die Form   Seite 54

Rare Rosen   Seite 57

Rosenduft und Rosenspeisen   Seite 61

Rosiges von A - Z   Seite 73

Nachwort   Seite 79

Stichwortverzeichnis   Seite 86

*Einige gute Bezugsquellen,
auch für Raritäten   Seite 88*

Farbabbildungen:

Apricot Glow; Kletterrose, Seite **34**

Captain John Ingram; Alte Moosrose, Seite **34**

Charles Darwin; Austin -Rose („Englische Rose"),
Foto von David Austin - Roses, Seite **85**

Emilien Guillot; Rosa Generosa, Seite **63**

Erinnerung an Brod; Strauch-/Kletterrose, Seite **81**

Gloire de Jardins; Alte Gallicarose, Seite **22**

Goldfassade; Kletterr., Foto von Christian Schultheis, S. **63**

Heidi Klum Rose mit **Molineaux**; nostalg. Beetrosen, Seite **22**

Katharina von Bora;Kletterr.,Foto von C. Schultheis, Seite **22**

Màrk - und Wänninger - Rosen:
Fotos von Eva Kigyossy - Schmidt und F. Wänninger
Seite **11**, **60**, **72** und **81**

Paco Rabanne; Edelrose, Foto von C. Schultheis, Seite **85**

Picatelli; Beetrose, Seite **72**

Quatre Saisons Blanc Mousseaux; Alte Rose, Seite **78**

Red Nelly; Bibernellrose, Seite **72**

Rosabella; Strauchrose, Foto von Landhaus Ettenbühl, S. **11**

Rosa rugosa **Dark Foxi** mit Rutenhirse; Seite **49**

Rosa rugosa **Rotes Phänomen**; Seite **60**

Rosa rugosa **Scabrosa**; Seite **60**

Rosa spinossisima - Sorten / Hybriden; S. **31, 66 und 72**

Rose de Resht; *Portlandrose, Seite **72***

*Rosenspeisen; Seite **63***

*Themenbeet Musik; Seite **49***

Thor; *Kletterrose, Foto von C. Schultheis, Seite **22***

Tibet - Rose, **Rosa muscosa** *und* **Agnes Schillinger**; *Seite **2***

White Roadrunner; *Kleinstrauchrose, Seite **78***

Schwarzweißfotos:

Colette; *Nostalgierose, Seite **10***

*Erinnerung an Brod; Strauch-/Kletterrose, Seite **84***

Margaret Merril; *Beetrose, Foto von C. Schultheis, Seite **91***

Molineaux; *Austin - Rose, Seite **10***

Parfum de l'Hay; *Strauchrose, Seite **91***

Sidonie; *Alte Rose, Foto von C. Schultheis, Seite **1***

Sternenflor; *Kleinstrauchrose, Foto von C. Schultheis, Seite **90***

Vorwort

Wer einmal echten Rosenduft erlebt hat, möchte ihn im eigenen Garten nicht missen. Schließlich ist er - und das ist erwiesen - wertvoll für Körper und Geist. Sie können ganz leicht ausprobieren, was in der Rosenblüte steckt: Pflücken Sie ein ungespritztes Blütenblatt, und kauen Sie es. Dabei erleben Sie einen kräftigen Hauch Rosenaroma am Gaumen, eine gewisse Süße an der Zunge, und ein „zusammenziehendes" Gefühl, das auf die Gerbstoffe hinweist. Besonders gut geht das mit **Rosa rugosa**[1]!

Rosenaroma wird intensiver, wenn Sie die Zunge ein wenig unter den Gaumen drücken - was auch dabei hilft, die Nuancen verschiedener Sorten zu erkennen. Rosenblütenblätter dürfen sogar am Salat teilnehmen, und können, vermengt mit Kamillenblüten, als Tee gegen Übelkeit helfen. - Nach Bowle, Gelee etc. haben wir weitere Rezepte für Sie entwickelt,[2] auf Seite 68 steht außerdem, wie Sie Blütenblätter kandieren können, und besonders stolz bin ich auf meine selbst erfundenen Rosentrüffel - dennoch freut es mich, dass wir diesmal nicht nur Süßspeisen ausprobiert haben: Auch bei einigen pikanten Gerichten möchte ich auf das ergänzende Rosenaroma nicht mehr verzichten.

Edelrosenfreunde brauchen sich nicht enttäuscht von solchen Themen abzuwenden - es ist zwar richtig, dass viele für den Schnittblumenmarkt gezüchtete Rosen nicht duften... Im Knospenstadium verharrende Blüten haben

---

[1] Die Namen der als relativ gesund bis robust geltenden Rosen mit gutem bis starkem Duft sind wieder fett gedruckt.

[2] **Rezepte für Rosenlikör, Rosenmilchshake und mehr finden Sie in „Gesunde Duftrosen",**
C. Friedrichs, 2006; ISBN: 97 83 8334 65 123

es nun einmal nicht nötig, Insekten anzulocken. Noch dazu besitzen sie transportfreundlich harte Blütenblätter.

Nun Ja, wir Hobbygärtner können auf diese Transportfestigkeit verzichten, und dürfen uns an Edelrosen freuen, die etwas weichere Petalen haben. Ein Beispiel ist der Züchtungserfolg von **Michel Adams**; die Aussage „Je moderner, desto weniger Duft" wird durch seine innovativ widerstandsfähigen Rosen einmal mehr als Vorurteil entlarvt. Natürlich bemühen sich auch Deutsche Rosenzüchter um die Kreation gesünderer Teehybriden; auf Rosen wie die opalweiß blühende „**Schloß Ippenburg**" mussten Edelrosenfreunde lange warten. - Wir können wirklich froh sein, dass wir gerade heute gärtnern. Rosen dürfen wieder Rosen sein, und die schlechte Gewohnheit des Giftsprühens zuliebe eines Freizeithobbys wird nicht mehr gern gesehen. So dürfen wir uns aus *jeder* Rosenklasse in den Garten holen, was Wohlgeruch verströmt, dabei keine harte Chemie braucht, und dadurch natürlich auch - ganz wie in alter Zeit - „Küchenrose" sein darf.

Besonders unter den *Strauchrosen* sind die robusten Duftsorten nicht selten. Zwei, drei robuste Büsche im Garten reichen aus, und die eigene Ernte ungespritzter Blüten ist gesichert. - Beobachten Sie Ihre Sträucher genau, damit Ihnen nichts Interessantes entgeht:

Viele robuste, richtig „ernährte" Rosenbüsche nehmen, sobald das Holz gut ausgereift ist, im Herbst beachtliche Laubfarben an (S.81)! Das gilt auch für moderne Rosen. - Es ist immer gut zu wissen, wo man die schönsten Strauchrosen bekommt; so manche Traumrose wie „**Emil Nolde**" (mittelhoch, zitonengelb) oder der historische Damaszenerstrauch „**Jaques Cartier**" (remontierend, rosa) gibt es oft schon im Gartenmarkt, andere wiederum muß man bestellen. - Wer es opulenter mag, hat ebenfalls Glück, denn bei den *„romantischen"* Rosen (die man zunächst nur als „Englische Rosen" kannte) ist gleich zu Anfang des neuen Jahrtausends viel passiert.

Deutsche Züchter haben mit Rosen wie dem rosa Kletterer **„Katharina von Bora"**, den gelben Edelrosen **„Michelangelo"** und **„Felidae"** oder der cremeweißen **„Kosmos"** Kreativität bewiesen, die Rosa Generosa werden immer bekannter, und in England hat man den Schwerpunkt der Zuchtziele noch weiter in Richtung Robustheit verlegt. - Allerdings warten wir - hört her, liebe Züchter - noch immer auf die robuste, duftende Nostalgierose in *Blauviolett*! - Dabei fällt mir ein, wie schön es wäre, eine orangefarbene Bibernellrose oder eine gestreifte Rosa rugosa zu sehen … Hier wird unser Hobby spannend: Vielleicht haben Sie Lust, einmal selbst ein paar Hagebuttennüsschen auszusäen?!

Gesunde Duftrosen, die nicht jeder hat, finden Sie aber auch in diesem Buch, natürlich nicht ohne Bezugs-quellen. Wirkliche Seltenheiten sind dabei - gewiss auch welche, die zu Ihnen und Ihrem Garten passen.

Molineaux

Colette

Gemütlich! Nur schade, dass ihre Supernase *diesen* Duft nicht
wahrnehmen kann. Links: John Scarmans „**Rosabella**".
Rechts: Franz Wänningers ungewöhnliche „**Rosarium Laufer
Mühle**" ist eine der raren *Duftbeetrosen*, deren Blattgesundheit sich
leicht mit ungiftigen Kräftigungsmitteln erhalten lässt.

Pflegeleichte Edel- und Beetrosen

Ein Garten, der nur mit Hilfe von Gift existiert, ist ein toter Garten. Bisher gab es leider nur eine relativ kleine Zahl von <u>Teehybriden</u>, die einen giftfreien Anbau zuließen. *Michel Adam* (S.89) ist einer von jenen, die die Zeichen der Zeit erkannten; gleich zu Beginn des neuen Jahrhunderts kreierte er eine ganze Reihe Edelrosen mit Duft, die ein recht hohes Maß an Pflegeleichtigkeit erreicht haben. Natürlich brauchen sie besseren Winterschutz und mehr Aufmerksamkeit als z.B. ein robuster Strauch, aber dafür duften fast alle. Schon mit zwei, drei Stöcken im Garten können Sie von Juni bis Spätherbst ungespritzte Edelrosen schneiden, die im Laden eine hübsche Stange Geld kosten, und mit ziemlicher Sicherheit nicht duften würden.

Lust auf ein buntes Bukett? „**Fragrant Alizee**" spricht mit großen Blüten und starkem Korallenrosa Liebhaber des Edelrosenstils der Neunzehnhundertachtziger Jahre an. „**Copacabana**"'s Leuchteffekt wird durch innen gelbe und außen rote Petalen hervorgerufen, und von starkem Duft geadelt; Freunde alter Klassiker werden die samtig rote „**Grande Classe**" mögen, und „**Paco Rabanne**" (S.85) bringt die Farbe Apricot ein. Natürlich sieht Ritterspornblau sehr gut dazu aus! „**Elvis**" blüht dick und rund in Weiß, mit goldenen Akzenten. „**Bernadette Lafont**" ist laut Anbieter sogar für Großkübel geeignet. Die dicht gefüllten Bütenschalen zeigen sich in dunklem Pink. Der fruchtige Duft paßt dazu sehr gut.[3] „**Broceliande**" erblüht rot und gelb gestreift, und „**Martina Mondadori**"'s Blüten wiederum

---

[3] Fotos von Fragrant Alizeè, Elvis, Velvet Alibi sowie Ratschläge für Kübelpflanzungen mit Rosen siehe „Gesunde Duftrosen" 2006

sind innen perlmuttrosa. Zum Rand hin gehen sie in dunkles Pink über - Pastellfarbenfreunde sind von der „muscheligen" Wirkung begeistert, aber auch die Form der dicken Blüten ist elegant. - Eine weitere Kreation in Rosa ist die „**Rose de Rennes**". Die Wirkung ihrer perlrosa Blüten wird durch ein gleichmäßig und weich „gewirbeltes" Inneres ergänzt, sodass sie durchaus an Porzellanrosen erinnern … Mit solchen Edelschönheiten steht dem langstieligen Teehybridenstrauß in (fast) allen Regenbogenfarben nichts mehr im Weg.

Natürlich ist auch in Deutschland einiges passiert. Im Hause *Wänninger* entstand eine ganz besondere Edelrose: „**Alexandra Wänninger**" hat *eiergelbe* Blüten mit Nuancen von *Rosa, Lachsgelb und Weiß*, und zeigt, dass Rosen mit „fleischigen", dicken Petalen durchaus stark duften können. - Neben „**Paul Ricard**" - der übrigens Lakritzaroma im Duft haben soll - gibt es jetzt mindestens eine weitere, relativ robuste Teehybride in reinem *Gelb*, die immerhin leicht duftet: „**Golden Tower**" aus dem Jahr 2005.[4] Auch auf die *bernstein-farbene* Teehybride brauchen Gegner chemischer Spritzungen nicht zu verzichten; die schöne „**Ashram**" zeigt sich in exquisitem Kupferbraun. Neben ihr sieht selbst das verwaschene *Lachsrot* der bekannten „**Hamburger Deern**" richtig gut aus …

---

[4] Man könnte fast meinen, ein Rosenname mit „Gold…" sei signifikant für die Kombination von Blattgesundheit und Blütenduft --- Kletterrosen wie „**Goldfassade**" (S.63), „**Goldstern**", „**Golden Future**", „**Golden Gate**" und „**Golden Showers**", Sträucher wie „**Golden Celebration**" und Beetrosen wie „**Goldelse**" und „**Goldquelle**" bringen viel Duft und reichlich *Gelb* in die Reihe der widerstandsfähigen Rosen.

Edelrosen mit Farben, die auf den ersten Blick nicht so toll sind, kommen im zeitgemäß bunten Bukett zur Geltung, ja, sind in solchen Arrangements plötzlich unentbehrlich. Das *dunkle Rosa* der fast gänzlich robusten „**Lady Like**" ist beispielsweise gewöhnungsbedürftig, erweist sich in Farbgesellschaft aber als tolle Ergänzung für „**Mainzer Fastnacht**" (*silberlila*), „**Duftrausch**" und „**Acapella**" (beide siehe Buchcover).

Zu letzterer muß ich sagen, dass sie eine dieser typischen, künstlich wirkenden Superschönheiten ohne Duft wäre, wenn - sie nicht so stark nach fruchtiger Edelrose riechen würde! Ihre Petalen zeigen dort, wo sie *puderweiß* sind, Äderchen, fast wie im Gesicht eines Vollblutpferdes. Durch die charaktervollen Blüten eignet sie sich zweifellos auch als „Vasensolistin".

Brandneu ist die hell ziegelrote „**Elbflorenz**", die Sie bei ROSAROT bekommen (www. bkn. de). Die starke Rabattenrose blüht gerüscht, und setzt sogar tolle Hagebutten an. - Eine neue *rein weiße*, relativ robuste Rose mit Duft, Vaseneignung und hochgebauten Edelblüten ist übrigens „**Caroline Victoria**" von *Peter Harkness* aus England. Sie wächst als kleiner Strauch.

Für Pflanzsituationen, die eine <u>Beetrose</u> erfordern, stehen nicht ganz so viele robuste Duftstachler zur Verfügung. Die starkwüchsige „**Isarperle**" aus dem Jahr 2004 zeigt edelrosengleiche Blüten in Weiß, deren Inneres *zart lachsfarben* schimmert; Wildrosenduft verströmen die Blütendolden von „**Rosenprofessor Sieber**" (*Rosa*). Beide sind ADR - Rosen.

„**Rhapsody in Blue**", deren Duft eine Kakaonote enthält, blüht - wie es so schön heißt - *gärtnerblau*, und ungefüllt. Dadurch haben die Blüten ein gelbes Auge, und sehen aus wie zu groß geratene „**Veilchenblau**" -

Röschen. Eine tolle Rose! - Eine weitere Besonderheit: Die geisterhaft violett angehauchten, roten Petalen von „**Red Blush**" wirken in der Sonne wie Glas (1979; Seite 78)[5]. Diese höchst ungewöhnliche Nachfahrin der Albarose „Maiden´s Blush" verströmt den eher herben Duft, der in den Siebziger Jahren des vergangenen Jahrhunderts bei (Deutschen) Edelrosen häufig war - eine Rarität, die auch im Bergpark Wilhelmshöhe vertreten ist. - Wer Raritäten sucht, wird auch Franz Wänningers fleißig nachtreibende „**Poet**" lieben. Sie blüht *dunkelrot* und kugelig. Das Laub ist tief dunkelgrün, und ihr starker Duft erinnert an Himbeeren. Ja, und „**Pariser Charme**" (*dunkel pinkfarben*, sehr stark gefüllt, großblütig) muß ich einfach noch einmal erwähnen: Schließlich ist es nicht die Regel, dass eine derartige Beetrose stark duftet, und dann ist sie auch noch relativ widerstandsfähig! Und auch „**Giliane**", eine französische Floribunda - Rose im Stil der Austin - Rosen, bringt so ein kräftiges *Pink* ins Beet. „**Scented Whisper**" wiederum (S.85) trägt in Büscheln halbgefüllte Blütchen in dunklem *Cremeweiß* bis *Lachs* … und natürlich findet man auch unter den Nostalgierosen eine ganze Reihe niedrig bleibender, recht gesunder Duftrosen, die sich für Beete eignen.

Dicht gefüllte Riesenblüten - Englische Rosen und ihre Schwestern

Noch immer ist man sich nicht einig, wie man diese geballte Blütenüppigkeit nennen soll. Immerhin gibt es die „modernen Romantischen" Rosen in höchst unter-schiedlichen Formen: Sie wachsen als büschelblütige Sträucher oder als „edle" Rosenstöcke mit langstieligen

---

[5] Ich bin mir nicht sicher, ob diese Rose eher unter den Modernen Strauchrosen einzuordnen ist. Bezugsquelle Seite 88

Einzelblüten, andere sind niedrig und langtriebig, und wieder andere gar <u>Kletterrosen</u> - z.B. *Schultheis´* „**Katharina von Bora**" (S.22), die sogar Anfängern Freude macht. Verwirrend ist auch, dass manche „herkömmliche" Beetrosen und Teehybriden den neuen, nostalgischen Rosen ähneln, z.B. die *opalweiße* <u>Beetrose</u> „**Gruß an Aachen**", oder eine voll erblühte „**Duftrausch**"… Ich sage meistens „Nostalgierosen".

So weiß nahezu jeder Hobbygärtner, was gemeint ist. Unter den neuen Sorten finden sich jetzt so viele Sorten mit nennenswerter Robustheit und Duft, dass man die Gärtner des Neunzehnten und Zwanzigsten Jahrhunderts beinahe bemitleiden möchte: - „**Comtessa**" heißt die *cremefarben* blühende „Schwester" von „**Augusta Louise**", die sieben Jahre später als „Augusta" entstand (<u>Edelrosen</u>). - „**Chippendale**" ist ein etwas seltsamer Name für eine wirklich herrliche (<u>Edel</u>-)Rose in *Kupferorange*. Die Blüten der 2005 entstandenen Sorte sind unglaublich dicht gefüllt, und tellerförmig - man könnte sagen, in „`Charles de Milles´ - Form". Wie bei vielen alten oder nostalgischen Sorten hält man es kaum für möglich, was für eine Fülle von Petalen in den kleinen Knospen dieser Edelrose steckt.

Bereits 1993 entstand die <u>2m hohe</u> „**Colette**", die mit ihren *lachsrosa* Blüten gerade im Trend liegt (S.10).

„**Kosmos**" habe ich leider noch nicht in natura erlebt; die *hell cremefarben* blühende *Kordes* - Rose wächst als kleiner <u>Strauch</u>. - Ausgesprochen stark gefüllt sind auch die nostalgisch geviertelten, *apricot - rosa* Blüten vom Zungenbrecher „**Proud Bride**", die auch als moderne <u>Strauchrose</u> gepflanzt werden kann, und keinesfalls unerwähnt bleiben darf die leuchtend *orange und gelb mit rötlichen Akzenten* blühende „**Samaritan**". -

Die „**Kordes´ Rose Herkules**" (Buchrückseite) wurde im Sommer 2006 in Kassel getauft, zu Füßen unseres Herkules. Ich war begeistert, zur Taufe geladen zu sein. Bereits bei der Anfahrt durchnässte mich Starkregen bis auf die Knochen, und ich sah aus wie ein Suppenhuhn, das ins Wasser gefallen ist. Das machten mir die anderen Gäste gleich nach: Noch mehr Wasser stürzte herab, und diesmal gabs dazu noch Eis. Nun hatte ich mir eine Rosentaufe ja schon irgendwie feierlich vorgestellt, aber so feierlich auch wieder nicht; immerhin war ich glücklich dran, einen Helm dabeizuhaben.

Es war - ja, genau: Etwa so, als habe man in vorchristlicher Zeit einen, sagen wir, Halbgott gereizt. Bemerkenswert! Ob dem Herakles die Farbe seiner Rose nicht so gefiel, die durchaus ein wenig - tuffig ist?

Man weiß es nicht. Wenn doch: Kann ich jetzt immer weniger verstehen. Die Gattung Rosa hat es geschafft; an Rosen finde ich Rosa jetzt schön. Bei den Blüten der **Kordes´ Rose Herkules** ist es ja auch eigentlich eher so eine Art Weiß; jenes Weiß mit Rosaton, das einige Apfelblüten zeigen, und zwar in Kombination mit der zeitgemäß nostalgischen Form.

In der Nähe des Taufortes in unserem schönen Kasseler Bergpark wurden ein paar Stöcke gepflanzt, die sich, ihrer furiosen Einführung gemäß, bisher recht robust gezeigt haben, und einen stacheligen, starr aufrechten Wuchs von etwa 1, 20m zeigen.

Übrigens: Pflanzen Sie gerade solche Rosen bitte tief genug, und vergessen Sie nicht den Aprilschnitt, damit sich aus der Basis heraus viele Haupttriebe bilden.

- Etwas empfindlich, aber mit überragend starkem Duft ausgestattet ist die *hellrosa* Strauchrose „Gartenträume" von *Tantau*, aus dem Jahr 2005. Sie soll die bisher stärksten „Dufter" in den Schatten stellen. Nun, Schatten oder nicht - da beinahe jede Rose anders riecht, wird sie bestimmt keinem der bisherigen Aromastars den Rang ablaufen ... Trotzdem bin ich gespannt. - Ebenfalls nicht die robusteste, aber sehr hübsch ist die kleine „Heidi Klum Rose" (2006), mit der wir bei den nostalgisch anmutenden Beetrosen sind. Sie trägt dunkel pinkfarbene Blüten mit sich verstärkendem *Blaustich* (S.22): Nach zwei Tagen in der Vase zeigen sich bei ihren Blüten lila Tönungen, ganz wie bei Alten Rosen. Mein Exemplar zeigte sich zunächst zäher als gedacht, kränkelte aber dann gegen Ende der Saison im Dauerregen. - „**Pastella**" zeigt sich in *Cremeweiß* mit dunklen Innenpetalen (2004).

So eine Farbe paßt gut zum eben genannten Violett, leitet aber auch von Apricot zu reinem Weiß über. Besonders erfreulich ist der Habitus: Bei dieser modernen Duftschönheit handelt es sich ebenfalls um eine „richtige", wenn auch etwas kräftigere Beetrose, und unter diesen gibt es ja, wie schon gesagt, nicht allzu viele, die Gesundheit *und* Duft mitbringen.

Die Beetrose „Mariatheresia" von 2003 zeigt prall gefüllte, *puderrosa* Blüten, die über effektvoll dunklem Laub stehen. Eigentlich gehört auch sie nicht in dieses Buch, denn bei ihr ist der Duft ist nur schwach. Wenn man jedoch bedenkt, dass man über so manchem Beet nur höchst selten längelang liegt, um Duftmoleküle zu erhaschen, ist sie als Robuste auf jeden Fall von Bedeutung. - Bei der schönen, laut der Anbieter robusten und duftenden „Red Eden Rose" (Strauch, *Johannis-beerrot*) habe ich noch keinen Duft wahrgenommen, vielleicht habe ich aber auch einfach jedes Mal zum falschen Zeitpunkt geschnüffelt („Launische Dufter", Band I). - Unter den ausländischen Züchtungen fallen die „Rosa Generosa" auf. Sie werden allgemein als recht gesund beschrieben, und überraschen unter anderem mit Farben in Rost- Kupfer- und Rosenholztönen. Als ich die ersten Fotos sah, gefielen sie mir besonders in ihrer Anonymität, denn dadurch wurde für mich betont, wie gut sie alle zueinander passen. Aber Namen müssen nun einmal sein: „**Marquise de la R.**" kam 2005 auf den Markt, die Blütenfarbe erinnert an *Mandarinenpudding*. Eine andere, für die ich noch einen Platz fand - eben jene, die für das kräftige *Kupferorange* in der für diese Rosen recht typischen Farbpalette zuständig ist - heißt „**Emilien Guillot**" (S.63). Ihre Blüten werden größer, wenn man an jedem Büschel nur eine Knospe belässt; bei andauerndem Regenwetter fällt die Farbe blass aus, zudem scheint sie etwas frostempfindlich zu sein. Der Duft ist fruchtig - edelrosenartig. Eine *Weiß*blüherin mit *rosa und gelben Nuancen* ist „**Aurore de Jaques - Marie**". Nur ein Meter Endhöhe, „**Augusta Louise**" - ähnliche Blütenform und eine hohe Blattlausresistenz dürften dieser 1999´er Rose eine besondere Eignung als Küchenzutat verleihen[6].

Übrigens: „La France", die erste ´Edelrose´ mit hochgebauter, knospenähnlicher Blüte, wurde von eben dieser Französischen Familie *Guillot* auf den Markt gebracht. Ihre unzähligen Nachfolger prägten die Vorstellung von Rosen so sehr, dass viele Menschen

---

[6] … Ihre Rose hat zum Ernten viel zu schöne Blüten?
Kein Problem: Wenn der Duft stark genug ist, kann man die schon im Abfallen begriffenen Blüten ernten.
Das gilt im Besonderen für einfach blühende Sorten, bei denen Sie ohnehin nur die duftenden Petalen von den werdenden Hagebutten streifen.

heute kaum noch eine Ahnung von der Mannigfaltigkeit dieser Pflanzenfamilie haben … Man könnte fast meinen, diese schönen, so ein ganz anderes Bild von Rosen vermittelnden Rosa Generosa wären in gewisser Weise eine Wiedergutmachung dafür.

- Unter den neuen *pflegeleichten* Nostalgierosen mit Duft finden sich auch viele „Englische", also *Austin* - Rosen[7] (S.88), bzw., sogar immer mehr.

Die kugelig blühende, *puderrosa* „**Geoff Hamilton**" sei hier genannt; sie entstand im Jahr 2005. In Deutschland wird der kleine <u>Strauch</u> etwas über einen Meter hoch. Ihrem Duft fehlt die Myrrhenote (die es fast nur bei David Austins Kreationen gibt, weswegen ihn viele als typisch für seine Rosen empfinden). So ist sie eine gute Rose für alle, die andere Duftnuancen bevorzugen. - 2004 kam „**Rosemoor**" auf den Markt, deren nach außen gebogene Blüten ganz besonders an die Historischen Sorten erinnern: Im gewirbelten Blüten-inneren zeigt sich ein kleines, grünes Auge, und die weichen Petalen sind *hell- und dunkelrosa gescheckt*. Diese besonders schöne Rose bleibt relativ klein.

Sie eignet sich für romantische <u>Beete</u>, oder für den Vordergrund eines Mixed Boarders. Auch ihrem Duft fehlt die Myrrhekomponente.

---

[7] Der Begriff „Englische Rose" ist irreführend:
Erstens züchtet man natürlich nicht nur in England Rosen mit romantischer Blütenform. Zweitens gibt es - ebenso natürlich - außer **David Austin** viele weitere Englische Rosenzüchter, z.B. **Peter Harkness** und **Peter Beales**, die keinesfalls ausschließlich Nostalgierosen kreieren.

Und: Auch David Austin selbst bringt viele Rosensorten auf den Markt, die gar keine nostalgischen Blüten zeigen - u.a. neue Moschata- und Bibernellhybriden.

Wer *Pink* liebt, kann gleich eine ganze Hecke mit „**Hyde Hall**" pflanzen! Die Strauchrose erinnert mich ein klein wenig an die moderne Rosa gallica - Hybride „Park Wilhelmshöhe". - Bei der oft als robust beschriebenen, weißen Beetrose „Glamis Castle" konnte ich leider keine große Widerstandskraft beobachten: Sie steht bei mir am gleichen Standort wie zum Teil als anfällig geltende Nostalgierosen (u.a. „Fishermen´s Friend"), und bekam dort - trotz biologischer Kräftigungmittel - als einzige (!) bereits im Juni Sternrußtau. Der Duft ist immerhin stark, aber zart - mit Myhrrenote, und durchaus originell.

Eine neuer *gelber* Strauch aus dem Hause Austin ist „**Charles Darwin**" (S.85), der eine kräftige Farbe, starken, an Zitrone (!) erinnenden Duft und - last, but not least - eine den Namen ehrende Gesundheit aufweist. Die Blüten sind ganz besonders groß. Sie zeigen mit „aufgerollten", kleinen Innenpetalen eine Form, die eher für Alte Rosen typisch ist, was in Kombination mit einer solchen Farbe einfach sehr, sehr ungewöhnlich aussieht.

Natürlich kreieren auch andere Englische Züchter die beliebten Nostalgierosen: „**Salvation**" etwa, gezüchtet von **Peter Harkness**, wächst als kleiner Strauch. Das sehr schön *dunkel amberfarbene* Röslein blüht locker gefüllt, und sollte in Gruppen gepflanzt werden. Der Duft ist - typisch für die Blütenfarbe - stark fruchtig; je nach Pflanzsituation kann sie eine originelle Alternative zu orange blühenden Sträuchern wie „**Westerland**" sein.

Es war zu erwarten, dass gerade die Nostalgierosen große Bedeutung erlangen würden; die Kombination moderner Farben mit der Üppigkeit und dem starken Duft Alter Rosen - plus zeitgemäßer Herbstblüte sowie sehr guter Schnitttauglichkeit - ist einfach unwiderstehlich.

„**Gloire de Jardins**" ´ violette Blüten sehen oft derart „altertümlich" aus, dass sie ganz fremdartig wirken. Im Herbst bekommt sie oft buntes Laub (Gelb- und Rottöne). Halten Sie diese wunderbare, oft grünäugige Spitzenrose am besten auf einer Höhe von 1,20m, und gönnen Sie ihr eine schöne Stütze. Manchmal gibt es Ausläufer zum Verschenken! (Bezugsquelle S. 89)

Mitte links: Mein einjähriges Exemplar von Tantaus „Heidi Klum Rose" - hier

mit D. Austin´s „**Molineaux**" - ist bisher gar nicht soo empfindlich. - Mitte rechts: Wenn Katharina von Boras Zeitgenossen geahnt hätten, dass es solche Blüten im 21. Jahrhundert den ganzen Sommer lang gibt! Schultheis´ nostalgischer Climber „**Katharina von Bora**" ist übrigens ein direkter Abkömmling von „**Pink Cloud**" (S.33).

„**Thor**", eine der wenigen relativ robusten Duft - Kletterrosen des frühen Zwanzigsten Jahrhunderts.

22

Bei der Wahl der gerade bei Nostalgierosen sehr wichtigen Begleiter denken Sie bitte daran, nicht nur mit *Farben*, sondern auch mit den *Formen* planvoll Kontraste zu setzen: Ergänzen Sie die opulenten Duftstachler, je nach Wuchsverhalten, mit kleinen Gräsern (Carex, Hakonechloa, Panicum und Festuca), mit Stauden wie Steinquendel (Calamintha nepeta), Katzenminze (Nepeta cataria), Schleierkraut (Gypsophila), Storchenschnabel (Geranium), Steppensalbei (Salvia nemerosa) oder Myrtenastern (Aster ericoides, etc.), sowie mit ein- und zweijährigen Bauerngartenblumen, z.B. Malven und Nelken. - In der Umgebung der starkwüchsigen Sorten darf sich auch das für Nutzinsekten *sehr* wichtige Lungenkraut (Pulmonaria) tummeln: Es hat tolles Laub, und blüht rosa *und* (!) blau. Wichtig: Ein bis zweimal im Jahr sollten Sie diese niedrige Staude zurückschneiden.

Wunderschöne Strauchrosen - Historisch oder modern?

Wenn man auf Farbharmonie achtet, und jeder Rose die ihr gemäße Pflege[8] zukommen lässt, sind gemischte Pflanzungen aus alten und neuen Sorten reizvoll.

---

[8] Achten Sie bei Mischpflanzungen vor allem darauf, dass die einmal blühenden Rosen auch nur *einmal* gedüngt werden müssen - es sei denn, Sie benutzen ganzjährig Depot- oder organischen Flüssigünger. Der Lichtbedarf wiederum ist bei den meisten modernen Rosen höher als bei vielen Alten. Behandeln Sie auch die einmal blühenden Rosen als die Ziersträucher, die sie sind, und gönnen Sie Ihnen ab und zu einen Rückschnitt - aber bitte gemäß der sortentypischen Wuchsform, die Sie in den ersten zwei Jahren durch Beobachtung herausfinden können. Siehe auch Seite 54.

Nicht nur durch die unvergleichlichen Düfte sind die Alten Rosen unverzichtbar.

Die „**Rose du Maitre d´Ecole**" (Buchrückseite) habe ich mir sogar selbst tätowiert, nur mit der Farbe musste ich mogeln, weil ich kein *schweinchenrosa* Tattoo wollte. Der helllaubige Spätblüher[9] ist sogar für problematische Höhenlagen geeignet, und netterweise fast stachellos; er neigt jedoch zu Rosenrost. Benannt wurde er nach einem Ort, und nicht nach einem Beruf; wunderliche Franzosen!

Wie auch immer, genau wie die legendäre, *dunkel pinkfarben* gemusterte „**Jenny Duval**" braucht er mehr Licht als die meisten anderen Sorten von Rosa gallica, und beide eignen sich sehr gut für den Schnitt.

„**Sidonie**" wiederum ist eine der ältesten, und zugleich eine der wenigen als recht robust geltenden Remontant- rosen (S.1). Leider kann ich sie immer nur im Bergpark Wilhelmshöhe erleben, aber gerade dafür sind unsere schönen Parks freilich da. Wie so viele der alten Duftsorten erblüht sie in *Porzellanrosa*.

Leider weiß ich nicht, nach wem sie benannt wurde; oft erfährt man einfach zu wenig von den Züchtern, von den Namensgebern, und von der Entstehung der Sorten! Ich bin sicher, dass uns dadurch sehr interessante Geschichten entgehen.

---

[9] Beispiele für spät (ab Mitte/ Ende Juni) blühende Sommer- blüher: Rosa muscosa in Sorten, „**Veilchenblau**", "**Rose du Maitre d´Ecole**" (…). - Früh (ab Mitte/ Ende Mai) blühende Einmalblüher: „**Gloire de Jardins**", „**Rose de Resht**", Rosa rugosa in Sorten (…). - Wenn Sie die Rosen geschickt ergänzen, ist auch in einem Garten voller *einmal* blühender Rosen die Blühsaison *lang!*

Das vom Wuchs her etwas magere Röslein ist gerade durch die geringe Wuchshöhe besonders liebenswert; eine „Sidonie" - Zweier- oder Dreiergruppe sieht im Vordergrund einer Rabatte gut aus, z.B. zwischen Modernen Nostalgierosen. Genauso wie diese benötigt „**Sidonie**" etwas Winterschutz[10]; mit der Herbstblüte der nicht weniger als rund hundert Jahre jüngeren Nachbarn kann sie gut mithalten[11].

Die Zahl der brand*neuen* Sorten mit guter Blatt-gesundheit und Duft ist bei den Strauchrosen groß … Ich muß auch noch einmal „**Jubilee Celebration**" von David Austin erwähnen: Ihre Nostalgieblüten stehen lebhaft *pinkfarben mit gelbem* Schein über gesundem Laub.

„**Tea Clipper**" ist ebenfalls eine Austin - Rose. Diese angenehm schwach bewehrte, etwa 1,20m hohe Moschatahybride aus dem Jahr 2006 erblüht dunkel *apricot* und in Büscheln; die Einzelblüten des aufrecht

---

[10] **Noch einmal: Schützen Sie bitte *alle* Edel- und Beet- und Nostalgierosen im Winter; selbst den gesündesten fehlt in der Regel die Frosthärte robuster, Alter Rosensträucher. --**
[11] Remontantrosen sind eine „jüngere" Klasse der „Alten". „Alte Rosen" entstanden vor dem Entstehungsjahr der ersten Teehybride, 1867 ... Genau genommen sind also Sorten wie die pinkfarbene Damaszenerin „**Coralie**" aus dem Jahre 1900 *Moderne* Rosensorten! Da sie jedoch Klassen angehören, die als „Historisch" bezeichnet werden, dürfen sie sich rühmen, „Alte" zu sein. Im Prinzip wären deshalb auch Rosen wie Peter Beales´ blutrote Gallicarose „**James Mason**" von 1982, John Scarmans sehr winterharte „**Marbled Gallica**" aus den Neunzigern des vorigen Jahrhunderts, oder David Austins hellrosa Albarose „**The Alexandra Rose**" von 1992 ebenfalls „Alte", allerdings „verstecken" sich in der Ahnenreihe der meisten dieser „Neulinge" auch einige Moderne Rosen.

wachsenden Strauches zeigen eine typische Rosette mit „Knopfauge". - Bemerkenswert finde ich auch Rosen wie die *hell- und dunkelrosa changierend* blühende „**Rosabella**" von John Scarman (S.11). Auch sie kann man nicht einfach so unter den Modernen Nostalgierosen aufzählen: Die im Jahr 2005 entstandene Sorte zeigt tatsächlich eine der typischen Blütenformen historischer Rosen, und hat noch dazu recht weiche Petalen!

Die besonders im Blüteninneren unregelmäßig eingerollten Petalen, ihre feine dunkle Äderung, die hellrosa, fast weißen Nuancen im dunklen Rosa - dergleichen stellt dar, was an den Blüten der nur einmal Blühenden fasziniert. Sollten Sie jemals mit oder ohne Seufzen daran gedacht haben, wie schön es wäre, eine öfterblühende Gallicarose zu besitzen - ich weiß nicht, welche Elternsorten der Züchter hier „ins Rennen geschickt" hat, es dürften wohl öfter blühende Portlandrosen im Spiel sein - aber mich erinnern die Blüten durchaus an meine einmal blühenden Gallicas.

„**Rosabella**" ist sehr winterhart, und liefert sogar Schnittblumen, und dass sie gut für unsere Rezepte geeignet ist, liegt beim Stichwort *weiche Petalen* wohl auf der Hand. Die bereits erwähnte, etwas kleiner bleibende Austin - Rose „**Rosemoor**" mit umgekehrter Farbaufteilung in der Blüte sähe sicher toll neben ihr aus!

Gut, dass in der Entwicklung moderner Strauchrosen auch solche Wege gegangen werden: Nicht nur originelle Farben und Blütenformen, nein, auch bisher unbekannte „Verhaltensweisen" bewährter Rosentypen - wie hier die Öfterblütigkeit bei stark im historischen Typ stehenden Sträuchern - sind bemerkenswert.

Ob solo oder als Hecke: Die Sträucher unter den Rosen werden die ganze Atmosphäre Ihres Gartens bestimmen. Viel schöner noch als eine Hecke wirken dabei z.B. *Dreiergruppen*, in einander ergänzenden Blütenfarben. Verstreuen Sie solche Gruppen wie Juwelen im Garten! Am besten eignen sich hierfür Arten, die durch schöne Laubfärbung im Herbst zweimal im Jahr richtig gut aussehen - z.B. viele nordamerikanische Wildrosen, aber auch R. Palustris, und Gloire de Jardins (S. 22).

Das völlig robuste Laub von **Rosa rugosa**, der Japanischen Wildrose, wird im Herbst zitronen- bis eiergelb, auch bei einigen Hybriden. Echte Rugosas sollten auf leicht „saurem" Grund gepflanzt werden. Sie vertragen lichten Halbschatten, die meisten blühen recht früh, und fast alle sind sehr winterhart. In Kanada und in Skandinavien wird mit Hilfe von Rosa rugosa sogar an der Entwicklung extrem frosttoleranter Rosen gearbeitet. - Werden Sie nicht müde, immer wieder nach den neuen Sorten zu fragen (S.60). Die ihren Duft verströmende, *magentarot* blühende Strauchrose „**Hansa**" sollte ohnehin nirgendwo fehlen, und Rugosas wie die *pinkfarbene* Austin - Rose „**Mrs. Doreen Pike**" zählen gerade wegen ihrer Abstammung zu den Spitzenschönheiten unter den Rosen.

Es gibt noch etliche weitere „Wild"rosen mit Duft, die im Garten unentbehrlich sind. Auch die schon Anfang Mai blühenden **Bibernellrosen** (R. pimpinellifolia bzw. spinossisima) habe ich Ihnen bereits ans Herz gelegt, anhand der unvergleichlichen „**Red Nelly**" (Limonenduft). Wie oft ärgern sich Freunde schöner Herbstfarben, wenn die Alten Strauchrosen unscheinbar zwischen Korkflügelstrauch, Felsenbirne und Zaubernuss stehen - die meisten Bibernellrosen hingegen zeigen im Herbst eine rotbunte Laubfärbung, und dazu noch ihre meist schwarzen Früchte. - Wurzelecht bilden sie Ausläufer, werden manchmal zu echten Dickichten; bei veredelten Bibernellrosen fehlt dieser in größeren Naturschutzanlagen durchaus erwünschte Ausbreitungsdrang.

Ich MUSS es noch einmal sagen: Eine Dreiergruppe der nahezu krankheitsfreien Bibernellrosen gehört zu den schönsten Gruppenpflanzungen, die der Gärtner anlegen kann. - Die meist einfachen Blütchen erscheinen schon im Mai. Sie ergießen sich förmlich über den Strauch, und wirken wie dicht gestreutes Konfetti. Eigentlich sieht es aus, als flatterten Schmetterlingsschwärme um jeden Bibernellenbusch - violette, rote, rosafarbene, weiße oder gelbe … Das bei fast allen Bibernellrosen ganz feine Laub schafft dafür den perfekten Hintergrund.

Einige Mitglieder der äußerst genügsamen, sogar für Sandböden geeigneten Familie *verströmen* ihren Duft, d.h., man riecht sie von weitem. Das tun nicht viele Rosen. - Als Pflege genügt es, sie alle zwei Jahre im Winter in Form zu bringen, d.h., den Strauch mit der Heckenschere je nach sortentypischer Grundform in Rasierpinsel-, Kugel-, Kuppel- oder Kegelform zu schneiden

Zu den Sorten: „**R. s. latifolia**"'s Duft (*weiß*) wird in den höchsten Tönen gelobt. Stark duftend ist aber auch „**Double Blush**" (S.66), mit kleinen Kugelblütchen. Sie ist eine so typische Bibernellrose, dass sie, z.B., gut zwischen eine gelbe und eine weiße einfach blühende paßt. - „Double Pink Burnett" sieht aus, als habe man die üppig und zart belaubten Zweige mit Porzellankörbchen behängt; bei jedem Röschen sind die etwa 20 Blütenblätter *innen rosa, und außen weiß* (da mir nicht bekannt ist, ob sie duftet, habe ich ihren Namen nicht fett geschrieben).

Etwas mehr „Futter" brauchen die remontierenden Bibernellrosen, z.B. die 170 Jahre junge, mutmaßliche Damaszenertochter „**Stanwell Perpetual**" (*opalweiss*, unvergesslicher Duft), die erst fünfjährige, entzückende Hybride „**Paula Vapelle**" aus Belgien (*weiß* mit gelbem Schimmer, Zitronenduft, hellrote Hagebutten; gelbes Herbstlaub), oder „**Grand Beach**" aus den USA (S.31).

Ich liebe vor allem die einfach blühenden Mairöschen, z.B. „**Mrs Colville**" (*rosa*). Wie fast alle Bibernell-sträucher erfreut sie auch den Balkongärtner - durch das ganz feine Laub der Bibernellen (- ich könnte sie nun, da sie „Rosa spinossisima" statt „Rosa pimpinellifolia" heißen, natürlich auch „Spinossis" nennen -) entsteht im Gefäß ein optischer Bonsai - Effekt. Sie benötigt im Groß(!)kübel aber gute Erde, und Flüssigdüngungen[12].

Viel Licht in den Frühlingsgarten bringen die *gelben* „Spinossis", z.B. die Dänische, einfache „**Aicha**". Sie ähnelt „**Golden Wings**", und hat sehr große Blüten. Die mächtige „**Old Yellow**" wiederum beeindruckt am meisten, wenn sie sich von einer Trockenmauer herab „ergießt". Auch die großblütige und, wie der Name sagt, gefüllt blühende „Williams Double Yellow" ist stark duftend, über ihre Robustheit ist mir jedoch nichts bekannt ... Bei Rosen, die mit der asiatischen Fuchsrose

---

[12] Manche Rosenschulen bieten natürliche Produkte an, die Kübelrosen im Gefäß helfen, Nährstoffe besser aufnehmen zu können. Diese Substanzen werden gespritzt oder ins Gießwasser gemischt.

verwandt sind, muß man ja oft mit einer gewissen Empfindlichkeit rechnen; „Lutea" etwa, eine weitere Bibernelle mit Fuchsrosen - Ahnen, ist für Sternrußtau recht anfällig. - Eine meiner (gelben) Lieblinge ist die kerngesunde **Rosa x harisonii**, Synonym „**Yellow Rose of Texas**" (1830). Über diese Hybride gibt es sogar ein Lied. Die Blüten sind recht groß und locker gefüllt, und zeigen eine für eine früh blühende Rose recht „edle" Form. Letztes Jahr freute ich mich völlig über eine einfache (!), weithin leuchtende Herbstblüte.

Die Reihe ließe sich noch lange fortsetzen[13]. Etliche Bibernellrosen, deren Namen meist mit „Marbled ..." beginnen, zeigen sogar gescheckten Petalen.

Es wäre schön, wenn einige davon endlich auch hierzulande in den Handel kämen; leider sind noch immer viele besonders originelle Bibernellrosen nur aus England zu beziehen.

---

[13] Nicht zu fassen, wie relativ selten mit dieser gesunden, äußerst winterharten Wildrose gezüchtet wird!!
Auch *Norbert Kleinz* schrieb 2004 im Jahrbuch des Vereins Deutscher Rosenfreunde die aufrüttelnden Worte:
„(…) **Aber auch in der Natur Deutschlands hätten wir unter den Bibernellrosen bemerkenswertes Ausgangsmaterial für Gartenrosen. In Rheinhessen z. B. (…) mit verschiedenen lichtroten Musterungen, z. B. einem Ring in der sonst weißen Blume. Entsprechend beschreibt der Bayrische Wildrosenforscher Schwertschlager (…) eine *forma erubescens* mit violettrot gestreiften und gemusterten Blüten. Wenn schon Aussaaten der (…) Wildform reizvolle Sorten liefern können, so gilt dies in erhöhtem Maß für die natürlichen Blendlinge (…)**"
- Nun, Züchter und Laienzüchter…?

Links: **Mrs. Colville** (für Bibernellrosen typischer Honigduft).
Rechts: Akelei, Staudenkornblume und **Rosa harisonii** („buttriger"
Edelrosenduft). Unten links:**Grand Beach** (recht deutlicher
Waldhonigduft). Rechts: Einzelne Blüten von **Rose de Resht** (links;
sehr starker, süßer Duft Alter Rosen), der weißen **R. spinossisima**
(starker, verströmender Honigduft), **Red Nelly** (starker,
verströmender Limonenduft) **Rosa harisonii** und **Gloire de Jardins**
(rechts; starker, weicher Duft Alter Rosen).

Robuste Duftklimmer

Kletter- und Ramblerrosen nutzen die wichtige Höhendimension des Gartens so richtig aus. Einige Rambler kann man aber nur „loslassen", wenn ihnen sozusagen ganze Häuserblocks zur Verfügung stehen, und viele Kletterer überfordern gerade berufstätige Gärtner, weil sie aufwändigen Winterschutz verlangen. Zum Glück gibt es frostfreudigere Kletterrosen, und Rambler, die durch regelmäßigen Schnitt sogar für Rosenbögen geeignet sind[14]. Bitte treffen Sie die Auswahl immer standortgerecht; Rosen wie „**Bobbie James**" sollte man lieber gleich ganze (große!) Bäume überlassen. - Übrigens genügt es bei solchen Riesen, Steine an die Enden der Jungtriebe zu binden, sobald sie lang genug sind, und diese weit in die Baumkrone hinein zu werfen - kein Witz! - es funktioniert. - Nahezu jede zweite Ramblerrosensorte ist auch für Standorte im lichten Halbschatten geeignet. Ein Beispiel: „**Ayrshire Queen**", mit beinahe „künstlichem" Duft (Apfelshampoo)! Der ganz *hell rosa* blühende Rambler trägt Kugelblütchen in Büscheln, die als Knospen rot sind, und, halb erblüht, einen breiten, roten Außenstreifen zeigen. Er ist sehr winterhart; scheint aber beliebt zu sein bei

---

[14] Die meisten winterharten, robusten, einmal blühenden Rambler kann man überall dort, wo sie „die Form wahren" sollen, ähnlich wie Alte Rosen schneiden: Anfang Juli auf Höhe der Hagebutten, im August noch einmal einkürzen, und evtl. ein kräftiger Formschnitt im Winter. Detaillierte Schnittanleitungen für Schlinger aller Art finden Sie im Katalog „Rosenbuch" der Firma Schultheis. Ganz wüste Burschen wie „**Rambling Rector**" oder „**Paul´s Himalayan Musk**" sind natürlich überall dort, wo sie ungestört wuchern dürfen, von vornherein besser aufgehoben.

Rosenzikaden. Im Falle dieses Falles können Sie einmal versuchen, mit Neemöl zu sprühen; Achtung, es ist leicht giftig. - Robuste Climber und Rambler mit Duft sind nicht selten. Freunde der Farbe *Rosa* dürften „**Pink Cloud**" von 1952 mögen; zwar ist sie eine Kletterrose, lässt sich jedoch auch an alten Bäumen einsetzen (S.89).

Die „**Uetersener Klosterrose**" von Tantau lässt „Körbchen" in *Créme* aufblühen, die Nützlingen ein leicht erreichbares Pollenmahl bieten. Bei dieser sehr gesunden Tochter des dritten Jahrtausends ist es laut Züchter besonders wichtig, die einjährigen Triebe in die Waagerechte zu binden, was Sie aber ohnehin bei allen Climbern und Ramblern so oft es geht versuchen sollten.

John Scarmans Rambler „**Whitfield Wonder**" von 1995, der in allen Nuancen zwischen *Porzellanrosa und Pink* einmal sehr üppig, kleinblütig und dicht gefüllt blüht, ist sehr frosthart. Der Rambler setzt - Achtung, Bastler - sehr zierende Hagebüttchen an.

Franz Wänningers dicht gefüllt und öfter (!) blühender Rambler „**Unschuld**" gar gehört zu den relativ seltenen Rosen, die ihren Duft weithin *verströmen* (S.81)!

Viele *Alte*, aber auch eine Reihe Englischer Rosen eignen sich ebenfalls als Kletterer; letztere sind an den Buchstaben „CLG." für „Climbing…" zu erkennen. Übrigens sollten Sie auch an die „Bodendecker" denken (S.90)! Diese Stiefkinder unter den Rosen dürfen wegen ihrer Robustheit und Frosthärte meist nur als Straßenbegleitgrün herhalten, aber: Oft kommen Klein-strauchrosen dieser Art viel besser zur Geltung, wenn sie ganze Zäune in weithin leuchtende, vor Leben summende Rosen"hecken" verwandeln. Etwa alle 2,5 m wird hierfür ein Exemplar gepflanzt. Binden Sie die Triebe stets *fächerförmig an*. An (Maschendraht)zäunen erprobt und bewährt sind z.B. die wehrhafte, nach Honig duftende „**Sternenflor**" (S.90), die langtriebige „**Immensee**" (*rosa*), und *Noacks* reich fruchtende „**Apfelblüte**" (*weiß*). -

„**Apricot Glow**" sieht vor dunklen Hintergründen besonders edel aus. „Vor sich hin wachsen" lassen sollte man ihn nicht: Das Anbinden der Triebe - möglichst <u>waagerecht</u>, letztendlich in der Form eines <u>Fächers</u> - sowie der richtige Schitt bringen Kletterrosen an Hauswänden zur Geltung.

Der stachelige Spätblüherstrauch „**Captain John Ingram**" (Rosa muscosa, siehe Fußnote 9) zeigt dunkel-violette Tönungen. Bei einigen *Gallica*rosen sprach man übrigens von „Schwarzkunst", wenn dunkle Sorten Anflüge von Blau oder gar Braun annahmen (*N. Kleinz*, Jahrbuch 2003 des VDR, Seite 127).

Pflanzungen mit Rosen

Die Bedürfnisse der Hobbygärtner sind mannigfaltig; immerhin möchten viele Leute auch Wäsche aufhängen und Mülltonnen verstecken, oder Halbschattenstellen und die Höhendimension nutzen. Dadurch braucht der Rosenfreund die ganze Vielfalt der Gattung - robuste Farbkleckse für ungeliebte Ecken, niedrige Climber für Sichtschutzwände, mächtige Solitäre, Röslein für Kübel, aber auch die Kleinstrauchrosen für diverse Abhänge, Mauerkronen und sogar zur Sicherung von Teichufern. Nur gut, dass Rosen so flexibel sind. - Denken Sie aber bitte daran, die Herrschaften von und zu ROSA mit möglichst vielen Vertretern anderer Pflanzenfamilien zu kombinieren. Umso gesünder werden sie bleiben.

Rosenduft im lichten Halbschatten

Halbschattengrundstücke scheinen zunächst Probleme aufzuwerfen. Nur sonnige Grundstücke haben den Ruf, gute Rosengärten zu sein - aber natürlich verfügt nicht jeder, der Rosen mag, über einen Sonnengarten.

Mein Pflanzvorschlag zeigt, wie weit auch hier der Spielraum ist. - Natürlich dürfen die Stachelgehölze nicht im dauernden Vollschatten stehen, und, wie immer, nicht unter tropfenden Baumkronen. Außerdem sollten Sie einen Bodentest machen: „Dunkle Ecken" haben mitunter einen niedrigeren PH - Wert[15]. Wo der Boden tatsächlich „sauer" ist, müssten Sie Nicht - Rugosas durch weitere Sorten von **Rosa rugosa**[16] ersetzen, oder <u>kontrolliert</u> (!) Aufkalken.

---

[15] Die meisten Rosen wünschen sich einen <u>PH- Wert von 5,5 - 6,5</u>. Bodentestgeräte gibt es z.B. bei „Gärtner Pötschke"
[16] **Achtung: Der Wildform ähnelnde Rugosas bitte nur mit _Azaleen-_ oder _Beeren-_ statt _Rosen_dünger „füttern"**

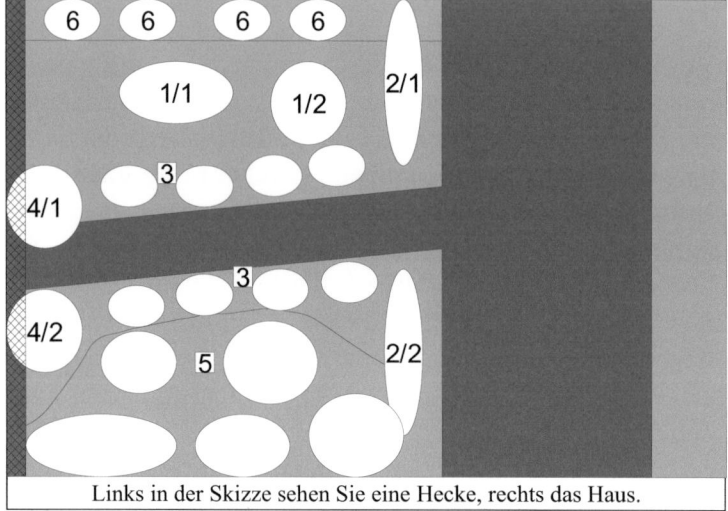

Links in der Skizze sehen Sie eine Hecke, rechts das Haus.

1.) Zwei hell blühende <u>Strauchrosen</u> mit Wildcharakter übernehmen früh im Jahr Solistenrollen (**1/1**, und **1/2**). Rugosa - Rosen sind gut geeignet: „**Dr. Eckener**" (halb gefüllt, *lachsfarben mit Gelb*) ist nur EINE Möglichkeit.

"**Rosa californica plena**" (halb gefüllt) bildet einen *rosa* Blütenberg, den Sie durch Schnitt im Lauf der Jahre in Hügelform bringen, wobei versteckte Stützen helfen. „**Frühlingsduft**" (*gelblich rosa,* edle Knospen, halb gefüllt) ist mit den Bibernellrosen verwandt.

- <u>Pflege</u>: Organische Düngung im Vorfrühling, bzw. Beeren- oder Azaleendünger für Rugosas. Pflanzstellen unkrautfrei halten; beide Rosenbüsche gelegentlich im Winter durch Schnitt formieren.

- <u>Platzbedarf</u>: pro Rose etwa 1,50 Meter im Quadrat.

2.) Zwei <u>Schlingrosen</u> mit edelrosenähnlichen Blüten zieren die Fassade - „**Easlea´s** *Golden* **Rambler**", und „**New Dawn**" (**2/1** u. **2/2**). (Obacht: Wenn Sie eine helle Hauswand haben, tauschen Sie bitte einfach *2.)* mit *4.)*!)

Pflege: Ab dem zweiten Standjahr organische Düngung im März, bei „**New Dawn**" (*weiß*) auch im Juni, oder regelmäßige Düngung mit organischem Flüssigdünger. - Besonders „**New Dawn**" braucht einen starken Schnitt, einige Hagebuttenzweige dürfen bleiben.

Etwas Winterschutz ist nötig! Die Kletterhilfe bitte so anlegen, dass winterliches Abhängen mit Gewebebahnen und/oder Fichtenzweigen problemlos erfolgen kann.

- Platzbedarf: Diese beiden „kleinen" Rambler werden etwa 3m hoch, und 1,50m breit. Bitte Abstand zum sehr ungünstigen Bereich direkt an der Hauswand einhalten.

3.) Japanisches Waldgras (Hakonechloa „Aureola") sowie die niedrigen Rugosarosen „**Rosa Zwerg**" und „**Schneekoppe**" umsäumen links und rechts den Weg (3). Er wird leicht geschwungen und eher als Pfad angelegt - z.B. aus Natursteintrittplatten, die so tief liegen, dass sie beim Mähen nicht stören. Dies entspricht der Atmosphäre, die der lichte Halbschatten schafft.

- Pflege: Jäten; evtl. den Wegbelag regelmäßig ergänzen; Gräser im Februar ausputzen; die Rugosarosen brauchen im Frühjahr etwas Azaleendünger. Rosen bitte im Zaum halten, evtl. mit Stützen als *kleine Hügel* formen; Ausläufer abstechen, eintopfen und verschenken.

- Platzbedarf: Gräser je 40cm, Rosen je 60cm.

4.) Am Rosenbogen kann sich die Noisette - Rose „**Mme Alfred Carriére**" tummeln (**4/1**), die ein wenig Winterschutz braucht; ihre halbgefüllten Duftblüten sind fein *porzellanrosa*. In sehr kalten Lagen ist statt ihrer die im Herbst gelblaubige „**Veilchenblau**" zu empfehlen, auch wenn sie manchmal zu Blattflecken neigt. Auf der

anderen Seite könnte der *purpur*farben, halbgefüllt und einmal blühende „Diggy´s Rambler" (**4/2**) stehen. Leider duften die weißäugigen, kleinen Blütchen nicht, aber die Farbe ist beeindruckend. Als *weiße* Rose stünde z.B. der (sogar etwas nachblühende) Duftrambler „**Guirlande d´Amour**" zur Verfügung, eine Züchtung von *Lens*, mit kleinen, halb gefüllten Blütchen. - Wählen Sie bitte in *jedem* Fall eine wirklich stabile Bogenkonstruktion; die eben genannten Rosen sind zwar Waisen gegen Rosen wie z.B. „**R. helenae**" (*weiß*, ein wunderbarer Rambler), überfordern zarte, kleine „Bögelchen" aber komplett.
- <u>Pflege</u>: Düngen wie bei (**1**); vorbeugende Pflanzenstärkungsmittel einsetzen. Konsequenter Rückschnitt nach der Blüte, <u>aber nicht zur Vogelbrutzeit</u>! Apropos: Verschonen Sie immer einige Hagebuttentriebe als Winternahrung für die Vögel, und zur Zierde.

5.) Rechts im Vorgarten findet sich eine romantische Rabatte mit Waldcharakter (**5**). Die *weiß blühende* Rose „**Maxima**" bildet als Alba - Riesin den Hintergrund. Die Gallica - Rosen „**Gloire de Jardins**" (*violett*) und „**Versicolor**" (*rosa - weiß gestreift*), sowie die moderne Strauchrose „**Rosabella**" (Beschreibung S.26) leisten ihr Gesellschaft. - Diese Rabatte aus <u>Starken Rosen</u> wird umso schöner, wenn im Vordergrund blühende Bodendecker stehen, sofern man den Platz um die Rosentriebe herum frei hält. **Gold**- und **Taubnesseln** etwa (Lamium) werden oft unterschätzt,[17] dabei sind sie in Halbschatten-, aber auch in <u>Schmetterlingsgärten</u> unentbehrlich.

---

[17]„*Florentinum*", 20cm hoch, gelbe Blüte im Juli, weißbuntes Blatt; „*White Nancy*", 20cm hoch, weiße Blüte im Mai/Juni, silberweiß gemustert; „*Silbergroschen*", 15cm hoch, violette Blüte im Mai/Juni, silberweiß gemustertes Blatt.

Das Laub mancher **Storchschnäbel** (Geranium) duftet bei Berührung nach Bergamotte, es gibt sogar Sorten mit schöner Herbstfärbung. Vinca Major, das blau blühende, große **Waldimmergrün**. Es sieht besonders schick aus. Falls aus dem Grundstück nebenan Wurzelunkräuter in Ihren Vorgarten hineinwachsen, zanken Sie sich nicht, sondern wählen Sie starke Rosen - und einen Bodendecker wie diesen.[18] **Günsel** und **Gundermann** dürfen als sich von selbst einfindende Wildkräuter unter solchen <u>starken</u> Strauchrosen gegebenenfalls bleiben. Beide blühen blau. Aus dem blühenden Teppich heraus sollten auch Solitärstauden mit Waldcharakter wachsen, z.B. die blau blühende **Jakobsleiter** (Polemonium), oder die bei Schnecken weniger beliebte **Funkie** <u>Hosta sieboldiana</u> in Sorten. Die geheimnisvolle Atmosphäre wird erst durch **Farne**[19] komplett, und wer viel Farbe braucht, kann die Pflanzung noch mit **Astilben** (Prachtspieräen) ergänzen. Sie duften sogar. (Wie?! - Natürlich nach Spierstrauch!!)

- <u>Platzbedarf</u>: Pro Rose etwa 1,50m.
- <u>Bodendecker</u>: Etwa 4 pro Quadratmeter.
- <u>Waldstauden</u>: 3 oder 5 Farne, plus 3 oder 5 Funkien.
- <u>Pflege</u>: Unkrautjäten, vor allem in den ersten Jahren. Wurzelunkräuter bereits im Vorfeld absolut konsequent entfernen. Rosen düngen wie bei **(1)**.

---

[18] Passen Sie auf, dass es nicht in die Rosenbüsche hinein-wächst. Es verträgt eine recht grausame (Rupf-)Behandlung, und kann dadurch leicht im Zaum gehalten werden.
Die kleinere Form heißt „Vinca minor".
[19] …z.B. Glanzschildfarn (Polipodium acuelatum) oder Wurmfarn (Dryopteris filix - mas oder D. remota):
Beide sind mit etwa 40 - 80 cm weder zu riesig noch zu niedrig. Bodenansprüche beachten! - Toll: Japanische Rotschleier- und Brokatfarne. Im Winter mit Laub bedecken.

„**Rosabella**" bekommt als fleißige Nachblüherin im Sommer eine zweite Portion. Einmal blühende Rosen in Form bringen, wie auf Seite 54 beschrieben.

Bitte mulchen Sie den ganzen Bereich sorgfältig, wobei Sie unter *Rinden*mulch stets Hornspäne mit einarbeiten müssen. Mulch - und auch jeglichen Bewuchs - niemals bis an die Rose heran streuen bzw. wachsen lassen, und auch nicht direkt an die jungen Solitärstauden.

- Pflege des Farns: Bei andauernder Hitze sollten Farne, die nicht im Vollschatten stehen, gewässert werden. Welke Wedel stehen lassen, Farn möchte im eigenen Mulch stehen. Wenn nötig, dürfen die Farnstauden im späten Frühjahr *etwas* ausgeputzt werden.

6.) Während sich die Juniblüherinnen schon in lauen Grüntönen zeigen, versorgen Englische bzw. Moderne Nostalgierosen den Gärtner noch mit Schnittblumen **(6)**. Geeignet sind unter anderem „**William Shakespeare 2ooo**" (*dunkel rot*), „**Graham Thomas**" (*gelb*), die französische „**Marco Polo**" (*gelb*, etwas deutlicher duftend), die etwas höhere „**The Generous Gardener**" (*hellrosa*), sowie "**The Mayflower**" und „**Mary Rose**" (beide *pink*). Die etwa 1,20 hohe „Charles Austin" (*apricot*) ist für lichte Halbschattenstandorte ebenfalls geeignet, gilt aber als etwas heikler

- Pflege: Jäten; Austriebsspritzung im März, wöchentliche Spritzungen mit vorbeugenden Pflanzenstärkungsmitteln; organische Düngung im Vorfrühling sowie nach der ersten Blüte; evtl. eine Kalidüngung im August. - Welke Blüten, fleckiges Laub, aber auch herabgefallene kranke Blätter sind stets zu entfernen - eine tägliche Routine „im Vorbeigehen", die man sich und seinem Garten gönnen sollte.

40

- Platz: Lassen Sie einer Englischen Rose etwa einen Quadratmeter Platz, wenn ihre Endhöhe mit 1,20m angegeben ist; handelt es sich um eine Beetrose, reichen 45cm für den Wuchs in die Breite aus.

Bei schwachwüchsigeren Sorten sollten Sie immer gleich Dreiergruppen im 40cm - Abstand pflanzen.

- Styling: Die **Einfassung** dieser Rabatte sollte aus demselben Material bestehen wie die der großen „Waldrabatte" gegenüber. Als **Mulchmaterial** bieten sich Pinienrinde oder Kies auf befestigtem Mulchvlies an. Vlies ist besonders dann sinnvoll, wenn Unkräuter von „nebenan" hineinwachsen wollen[20].

Last, but not least: Kleine Ranktürmchen (Obeliske), Stäbe oder schmiedeeiserne Stützen verstärken gerade bei Englischen Rosen die formale Wirkung.

---

[20] Der essbare, aber nicht gerade leckere Giersch ist besonders fies: Er sät sich selbst aus, treibt Ausläufer, widersteht sogar chemischen „Giersch weg - Mitteln" und hat schon so manchen, der gern „Wildkraut" statt „Unkraut" sagte, zu resoluteren Ausdrücken gebracht. Kleinste Stückchen treiben aus! - Es hilft, das Zeug 3 Jahre lang (!) *lückenlos* abzudecken, ich habe aber auch schon selber gesehen, wie es fröhlich viele Jahre lang darunter überlebte. Unkrautvlies als Dauereinrichtung ist da sinnvoller. Giersch ist alles in allem *so* schwer zu bändigen, dass Sie sich schlimmstenfalls damit arrangieren müssen. Ist dieser Worst Case bei Ihnen gegeben, halten Sie den Giersch bitte niedrig und OHNE BLÜTEN an den Stellen, wo es nicht anders geht - und pflanzen Sie seine nicht wuchernde, weiß panaschierte Spielart (gute Staudengärtnerei) zwischen den gewöhnlichen. Dann sieht das Ganze „absichtlicher" aus.

Themenbeet „Musik"

Schon allein die Namen von Pflanzen können Spaß machen. Vielleicht gibt es noch irgendwann einen Giersch namens SPAM! - Als Beispiel eines *Mixed Boarders* dient hier das akustisch schrill gemixte, optisch überraschend harmonische Themenbeet, das sich fast nur an den Namen orientiert.

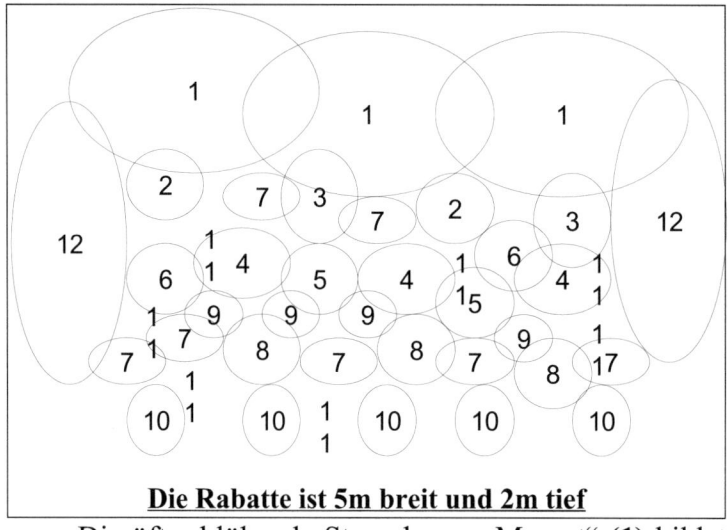

Die Rabatte ist 5m breit und 2m tief

   -- Die öfter blühende <u>Strauchrose „Mozart"</u> **(1)** bildet mit ihrer Fülle *rosa gerandeter* Blütchen einen genialen Beethintergrund. (2 - 3 Stück; pro Rose 1,50m).

   -- <u>Rittersporn (Delphinium) „Zauberflöte"</u> **(2)**, eine 1,80m hohe, „weißäugige" Sorte, bringt im Juli echtes Himmelblau ins Bild (4x; pro Stück 50cm).

   -- Sie können auch weißen Rittersporn dazu pflanzen: <u>„Parsival"</u> **(3)** erreicht eine Höhe von 1,60m.

   -- Kleinstrauchrosen leiten zum Vordergrund über: **„Darcey Bussel"** **(4)** wurde nach einer berühmten Ballerina benannt. Sie ist stark duftend <u>und</u> recht robust, was bei *dunkelroten* Englischen Rosen nicht die Regel ist (4x; pro Rose 60 cm).

-- Dazu paßt die zur Blütezeit 1,30m hohe Zierhirse „Heavy Metal" **(5)**, eine roggenblaue Variante des sonst meist rötlichen Panicum virgatum mit silbrig violetten Blüten (ca. 3 Stück, pro Horst 40cm, Seite 49), sowie

-- der bekannte, dunkelrosa - weiße Sommerphlox „Kirmesländler" **(6)**. Er sprengt uns musikalisch vollends den Rahmen, greift aber „Mozart"'s (Farb-)Töne wieder auf. Und überhaupt: Der kräftige Phloxduft von Honig und Lakritz mit einem Hauch von nassem Hund gehört im Sommer echt dazu (4x; pro Phlox 35cm)!

-- Den Boden dazwischen decken Bergenien **(7)**. Bei diesen wertvollen Blattschmuckstauden, die im Herbst oft bunt werden, können Sie wählen: „Brahms" hat weiß luxorierende Blüten, „Bartok" ist ganzjährig rotlaubig, „Beethoven", der natürlich mein Favorit wäre, blüht weiß, und „Eroica" sogar in Flieder. Alle vier Sorten erreichen eine Höhe von 40cm - etwa 6 Stück dürften genügen.

-- Im Vordergrund wird eine Reihe Beet- oder Edelrosen gepflanzt. Die Michel Adam - Rose „**Elvis**" **(8)** erinnert an ganz dicke *Zitroneneis*kugeln (Foto erstes Buch). „Er" wird abwechselnd gepflanzt mit der bereits beschriebenen, modernen Beetrose „**Rhapsody in Blue**" - oder mit der *dunkelroten* Nostalgie - Edelrose „**Piano**" von Tantau (40 - 50cm pro Rose).

-- Vergesellschaftet werden diese Duftstachler mit der 35cm kleinen, rosaroten Astilbe (Spiräe) „Serenade" **(9)** (4 x; pro St. 30cm).

-- **(10)** Auf HipHop müssen wir noch verzichten, den Punk fügt die goldgelbe Zwergbartiris „Pogo" hinzu (Iris barbata nana, 5 x; pro St. 30cm).

-- Unter den ergänzenden Zwiebelblühern **(11)** findet sich so manches, was zum Thema paßt.

Violettblauer <u>Riesenzierlauch</u> (Allium Giganteum) erinnert im Sommer an Paukenschlegel, und einige Frühlingsblumen tragen musikalische Namen, z.B. die rote <u>Dufttulpe „Abba"</u>. Sie wird uns nicht ewig erfreuen, denn hochgezüchtete Tulpenhybriden verschwinden meistens mit der Zeit. Die <u>Narzisse „Rosy Trumpet"</u> hingegen kommt jedes Jahr wieder.

-- Wer viel Platz hat, kann die Rabatte - Abstand wahrend - rechts und links vom <u>Miscanthus „Adagio"</u> **(12)** flankieren lassen[21] (1,20m -1,40m pro Horst!!).

Zur Pflege:

Gerade in den ersten Jahren muß stark gejätet werden.

-- <u>Ziergräser</u> werden erst im Februar zurückgeschnitten. Großgräser liefern dabei gutes Stroh für den Grabeland- bzw. Erdbeer- und Gemüsebereich, wo Rinde, Laub und Holzhäcksel nichts verloren haben.

Das Zusammenbinden der Horste ab Dezember/ Januar hilft gegen unkontrolliertes Herumfliegen der Halme im Spätwinter. Die Kombination von Rosen mit Rutenhirse funktioniert, diesem Ziergras scheint der nahrhafte Rosendünger nichts auszumachen. Rote Sorten geraten nicht ins Wuchern; von „Heavy Metal" weiß ich das noch nicht, also bitte auf Ausläufer achten.

-- <u>Phlox</u> ist ziemlich pflegeleicht. Die (wie immer nicht von Spritzmitteln berührten) Blüten dürfen in der Rosen- bowle schwimmen, oder mit in den Salat.

Nach der Blüte bitte den Rückschnitt nicht vergessen.

---

[21] Ungewöhnliche Staudensorten wie diese finden Sie z.B. bei: **staudengaertner klose. de**, oder **staudengaissmayer de.**)

-- <u>Bergenien</u> (und nicht nur sie!) schützt man mit Mulch aus Kiefernzapfen vor Schnecken.

-- <u>Astilben</u>blütenstände werden vor der Samenbildung abgeschnitten. Die Prachtspiräe schätzt abgelagerten, fein zerkrümelten Pferdemist als Mulch. Hm!

-- <u>Rittersporn</u> erfordert Schneckenschutz (!) und liebt humosen, durchlässigen Boden; **beim Abschneiden der welken Blütenstände die Halmstümpfe knicken oder zustopfen, damit kein Regen hineinläuft.**

-- <u>Iris</u>, unsere gelben Farbtüpfelchen, sind heikel. Ausgerechnet der schlichte Prügeltanz wird durch eine wahre Gartendiva verkörpert… Die kleinen Rhizomstauden brauchen viel Licht, und - da paßt der Name wieder - genügend Platz um sich herum. Genau wie die großen Bartiris werden sie mit waagerecht liegendem, nur halb vom Substrat bedecktem Rhizom gepflanzt.

Im Winter sollte man sie gut beobachten, damit nichts fault, und alle vier Jahre im August teilen.

-- <u>Frühlingsblüher</u> wiederum werden einfach nur alle paar Jahre von den Tochterzwiebelchen befreit. -

Gefällt Ihnen die Idee eines Themenbeetes? Dann denken Sie auch einmal an Rosen wie „**William Shakespeare 2000**" (*rot*); eine Literarische Rabatte würde gut neben die Musikalische passen. Wenn Sie aber, wie ich, noch lieber Filme kucken, bliebe Ihr Beet bedauerlicherweise spätestens in den „Seventies" stecken. Es sähe noch dazu sehr merkwürdig aus: Der moderne Gallicastrauch „**James Mason**" (e., *rot*), die Edelrosen „**Cary Grand**" (*orange*) und „Audrey Hepburn" (*rosa*), dazu „**Claudia Cardinale**" (*gelb*, „natürlich" eine Rosa Generosa) - und dann auch noch der *bräunlich - rosé*, einfach und mit typischem „Auge" blühende „Nigel Hawthorne", dessen

Habitus vollends den Rahmen sprengt! - Immerhin stellt er als Hybride der mysteriösen Hulthemia persica sogar eine besonders wundersame Rarität dar[22].

Liebhaber der Malerei wiederum dürften mit Spitzen-rosen wie „**Redouté**" (eine Austin - Rose in *Pink*) und vielseitigen Stauden wie der orange - gelb gestreiften Duft - Taglilie „Franz Hals" (mit auf dem Foto von S.63) keine Probleme mit dem Abstimmen der Pflanzen haben; kaum ein Garten wäre groß genug, um alle nach Malern benannten Gartenschätze aufzunehmen.

Wäre das nicht eine Idee für den Schulgarten, z.B. für fachübergreifenden Unterricht von Biologie und Kunst? Wofür auch immer Sie sich entscheiden - alle Beete werden bei der Planung anschaulich, wenn Sie sich eine Skizze erstellen. Zur Steigerung der Vorfreude darf es auch eine Buntstiftzeichnung wie auf Seite 49 sein, die mir, zugegeben, etwas Kirmesländler - lastig geraten ist.

Und dann kommt die Pflanzaktion:

Alles wird, noch IM Topf, direkt auf die vorbereitete Pflanzstelle gestellt - auch, wenn die Stauden dabei ein wenig verloren wirken, weil jede so viel Platz bekommt, wie sie später einmal beanspruchen wird. Also: Bitte nicht das Maßband vergessen! Erst dann wird jedes Pflänzchen - ohne Topf - gründlich getaucht, schließlich gepflanzt, und kräftig angegossen. Wichtig ist auch, dass Stauden, anders als z.B. Containerrosen, weder tiefer noch höher in die Erde kommen, als sie im Topf gestanden haben.

---

[22] Ja, Sie haben richtig gelesen, der Name der Elternrose beginnt tatsächlich nicht mit *„Rosa…"*. - Lange Zeit war man sich uneins, ob die seltsame Pflanze überhaupt eine Rose *ist*, denn eigentlich sieht Hulthemia persica aus, als habe ein außerirdischer Gestaltwandler - oder sowas in der Art - unsere Blumenkönigin nicht so *ganz* hingekriegt.

Rugosa - Wall

Wie oft findet man folgende Situation: Die Vormieter hatten den Vorgarten mit einem Achthundert Hektar - Wald verwechselt. Betonharte, von Fichten- oder Kiefernnadeln bedeckte Erde, kein Gras, nicht eine einzige Blühpflanze, selbst das Moos wirkt unzufrieden, und vorn am Zaun tummelt sich eine Reihe halb kahler Koniferen… In den Sechziger Jahren des vergangenen Jahrhunderts waren sie wohl a) klein und niedlich, b) wahrscheinlich so eine Art Sichtschutzhecke und c) eine wirklich umwerfend gute Idee. Gerät ein Rosenenthusiast an einen solchen Ort, ist das Gejammer groß.

Jammern Sie nicht, sondern gucken Sie mal: Der folgende Plan erfordert etwas Geld und Geduld, ist aber eine effiziente Lösung.

1.-- Lassen Sie alles fällen, was zuviel Schatten macht/ sich zu dick, zu hoch und zu breit macht/ auf egal welche sonstige Weise irgendwie stört. Für alte Bäume müssen regional angepasste Regelungen beachtet, und evtl. Genehmigungen eingeholt werden. Lagern Sie das zerkleinerte Holz, z.B. im hinteren Gartenbereich.

2.-- Heben Sie einige tiefe, breite Gruben aus, die Sie mit lehmigem Mutterboden auffüllen lassen - zur Not mit einem kleinen Leihbagger. Dort werden künftig Rosen aller Art angepflanzt. - Aushub und Soden bitte lagern.

3.-- Auch vorn am Zaun werden zwischen den Stubben längliche, eher flache Gruben ausgehoben, und mit Nadelreisig und Baumschnitt gefüllt. Weiteres Holz wird - zusammen mit den ausgestochenen Rasensoden (Grün nach unten) - zwischen den Stubben verteilt. Streuen Sie etwas „Kompoststarter" (Baumarkt) dazwischen.

4.-- Nun wird über den Stubben und dem verteilten Schnittmaterial mit dem gesamten Aushub ein Wall aufgeschichtet. Er sollte nicht zu schmal sein, und oben weiträumig flach angelegt werden, damit später nicht ständig gewässert werden muß. Wässern Sie den „frischen" Erdwall gut, und danach können Sie ihn als Schutz vor Unkraut und Austrocknung abdecken. Das geht am besten mit Plastikplanen, oder mit aufgeschnittenen, der Ästhetik zuliebe am besten *schwarzen* Müllsäcken. Vergessen Sie nicht, die Planen mit Baumstubbenteilen und starken Zeltheringen zu sichern, sonst freuen sich die neuen Nachbarn, wenn es ´mal stürmt.

5.-- Ein Jahr später können Sie beginnen, die Seiten des Walles mit niedrigen Rugosarosen zu bepflanzen, z.B. mit der *opalrosa* **„Polarlicht"**, oder der *roten* **„Dark Foxi"** (S.49). Übrigens sie fruchtet reich, und hat ganz besonders schöne Blüten, die sich in Regenperioden leider nicht öffnen. Im Herbst zeigt sie tief dunkelgelbes Laub. Den Wall krönen hohe, breite, wehrhafte Kartoffelrosen wie **„Agnes"** (*gelb*), **„Agra"** (*perlrosa*), **„Scabrosa"** (*purpur*, S.60) oder **„Blanc Double de Coubert"** (*weiß*).

Wenn Ihr Grundstück nicht direkt an einer rege befahrenen Straße liegt, können Sie zumindest auf der Innenseite des Walles Duftblütenblätter und Hagebutten ernten, aber auch anderes Wildobst, z.B. *Cranberries*, *Preisel-* und *Heidelbeeren*. Auch *Azalea pontica*, die gelbe Duftazalee, oder andere kleine Azaleen fügen sich sehr gut mit ein. Übrigens: <u>Eine Reihe aus abwechselnd gepflanzten Fingersträuchern (Potentilla) in Weiß und der einfachen, roten **Rosa rugosa rubra** sieht besonders edel aus.</u>

Themenbeet Musik

Der Blutstorchschnabel „Elsbeth" ergänzt weiße Strauchrosen wie „**Sophie Scholl**" wirklich toll. Es gibt auch leuchtend rot blühende Sorten, z.B. „Glühwein"!

Vergessen Sie nie beim Planen die Gräser! „**Dark Foxi**", frisch gepflanzt im Großkübel, mit einem jungen Panicum „Heavy Metal".

49

RUGOSAWALL (Fiktive linke Vorgartenseite, 8 -10m breit)

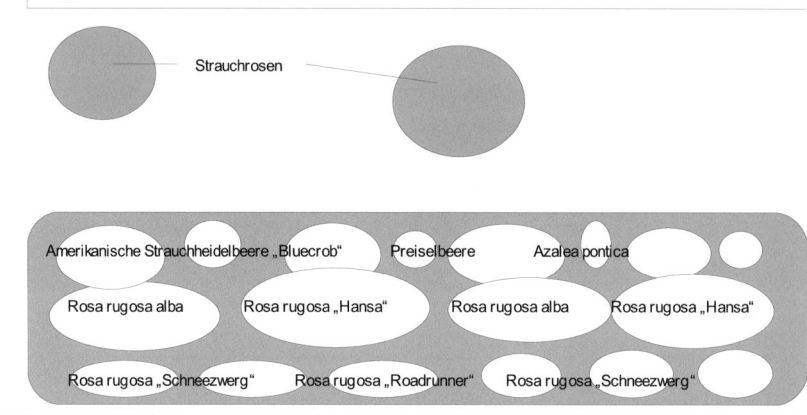

Strauchrosen

Amerikanische Strauchheidelbeere „Bluecrob" Preiselbeere Azalea pontica

Rosa rugosa alba Rosa rugosa „Hansa" Rosa rugosa alba Rosa rugosa „Hansa"

Rosa rugosa „Schneezwerg" Rosa rugosa „Roadrunner" Rosa rugosa „Schneezwerg"

Wildobstgehölzgruppe

Wildes Obst enthält viele Vitamine und Mineralstoffe, die domestiziertem oft fehlen. Gut, es greifbar im eigenen Garten zu haben - wo es meistens als Hecke gepflanzt wird. Wer es stattdessen eindrucksvoll präsentieren möchte, kann die Form eines kleinen, verwunschenen „Wäldchens" wählen!

Eine solche Wildobstgehölzgruppe ist besonders wertvoll für das Kleinklima. Auch viele Tiere werden in den Garten gelockt, z.B. die Schneckenfresser Igel und Kröte, aber auch Bodenbrüter, Laubfröschchen und Eidechsen. Blattlausfeinde fördernde Einrichtungen wie Wildwiese, Trockenmauer, Teich, Stein- und Totholz-haufen (siehe erstes Buch) werden ergänzt, die Hecke gar ersetzt. - Das Laub bleibt liegen; bald stellt sich im „Beet" ein ganz eigenes, Feuchtigkeit *und* Humus haltendes Kleinklima mit Waldcharakter ein.

Ich bekam die Idee dazu vor sieben Jahren, und stellte mir so etwas wie ein Wäldchen in „Blumenbeetform" mitten im Garten vor. Die etwas empfindliche Zentifolie „Ombrée Parfait" würde ich nicht noch einmal dazu pflanzen, dennoch ist die unterpflanzte Gehölzgruppe heute *der* spannungsvolle Hingucker, und die Kühltruhe im Winter voller Beeren und Mispeln. Selten fühlt sich der Hobbygärtner so sehr als „Weltenformer" wie hier! Es macht viel Freude, eine solche Pflanzung einzurichten, und im Laufe der Jahre den Traum wahr werden zu sehen; ich kann Ihnen nur raten, sich dieses Erlebnis zu gönnen (S.85).

Als **Einfassung** wählen Sie Ihrem Gesamtkonzept gemäße Materialien, z.B. schräge, halb in der Erde steckende Ziegelsteine, Zäunchen aus Weide oder Eisen, Buchsbaumhecken (Vorsicht! Buchs ist heute unter Umständen pilzanfällig), oder Rollpalisaden. Ungerade Zahlen und Assymetrie sorgen für natürliche **Harmonie**: Setzen Sie also, z.B., das größte Gehölz nicht direkt in der Mitte. Als **Grundform** empfiehlt sich ein lang gezogenes Oval, ähnlich einer Insel.

Katzenbesitzer sollten vielleicht lieber verzichten, da eine auf diese Weise angelegte Gehölzgruppe Spitzmäuse (sie sind Nützlinge, z.B., weil sie die Brut der Schädlingsmäuse fressen), Molche und Zaunkönige anlockt. Hundebesitzer lösen das Problem, indem sie als Einfassung einen dekorativen, kleinen Zaun wählen.

Entfernen Sie bei der Vorbereitung der Pflanzinsel rigoros alles, was auch nur im Entferntesten an ein Unkrautwurzelteilchen erinnert. Lassen Sie die Fläche drei Wochen lang brachliegen, damit Übersehenes austreibt, und so noch „ertappt" werden kann - und das gilt auch für alle anderen neuen Rabatten und Beete!

Natürlich muß man, vor allem anfangs (siehe * auf S.53), mitunter Jäten, aber wo im Garten muß man das nicht? Für reine Sonnengärten stellt ein solches Wäldchen *die* Chance dar, auch die malerischen Schattenstauden pflanzen zu können. An einer Stelle, wo weniger Laub herabfällt, darf ein Tümpel mit im Spiel sein, aber bitte mit Ausstiegsleiter für kleine Tiere. Auch ein Moorbeet wäre denkbar.

Sehen Sie sich vorher Fotos von Japanischen Kleinstlandschaften in der Schale an (Saikai und Bonkei), aber auch besonders schöne, gemischte Gehölzgruppen in der heimatlichen Landschaft. - Und jetzt mein Vorschlag! Mit dieser Zusammenstellung werden Sie viel Freude und große Wildobsternten haben:

- *Gehölze* 1.Mespilus germanica: Die 3m hohe Mispel nimmt schon nach sehr wenigen Jahren urigen Baumcharakter an. Außerdem fällt sie durch große, weiße Blüten auf, die nach Spätfrösten auch rosa sein können - und durch die tolle Herbstfärbung der großen, elliptischen Blätter. Sie ist formbar wie ein Apfelbaum, z.B durch Gewichte, Schnitt und Bindemaßnahmen. Die Früchte sind nach dem Frost weich, süß und aromatisch, und gerade nach einer schlechten Apfelernte ein gutes Winterobst. **2.Blutpflaume** (8m): Rotes Laub, schöne rosa Blüten im April. Die Früchte ergänzen Konfitüren und Gelees. Halten Sie den Baum durch Schnitt auf etwa 2,50m; nur *nach* der Vogelbrutzeit schneiden. **3.Rosa rugosa rubra:** Blüten für Rosenspeisen, leicht zu verarbeitende Früchte. **4.Rosa spinossisima:** Deckung für am Boden brütende, zum Teil seltene Vogelarten, die schnell merken, dass es bei Ihnen im Garten so etwas gibt. **5.Rosa nitida aus den USA:** Setzt Hagebutten an, die die Vögel gern annehmen (!). Sie ziert sehr durch rosa Blütchen und tolle Herbstfärbung, duftet aber nicht. Wildrosen breiten sich aus, sodass sie für ein sich ständig veränderndes Gesicht der ganzen Gehölzgruppe sorgen.

6.Zwergfelsenbirne A. ovalis pumila: Weiße Blütenfülle im Frühling, tolle Herbstfärbung; delikate, dunkelblaue Beerchen, die auch als Rosinenersatz dienen können. **7.Strauchquitte Chaomeles japonica:** Niedrig bleibend; rote (!) Blüten im Frühling; Früchte, die sich gut für Konfitüren eignen, **und beim Lagern nach einigen Tagen die ganze Wohnung mit Duft erfüllen.**

- *Stauden* So richtig Waldstimmung verbreiten erst die ergänzenden Stauden. Pflanzen Sie extrem schattenbedürftige Pflanzen erst nach drei oder vier Jahren * . Die Stauden werden so gepflanzt, dass man sie auch später noch im Innern der Gehölzgruppe „hervorblitzen" sieht. - Vor allem **Funkien** und **Farne** (z.B. Königsgoldschuppenfarn (Dryopteris cristata), oder Glanzschildfarn (Polystichum aculeatum)) sind ein absolutes Muss. Auch **Gräser** tragen viel zur Waldatmospäre bei, egal ob es sich um Japanisches Waldgras handelt (Hakonechloa; - H. macra bleibt grün, „Aureola" sorgt für gelbe Akzente), oder um die Deutsche Waldzwencke (Brachypodium sylvaticum). Der kompetente Staudengärtner hält beide bereit, und noch viele andere. - Die Bodendecker dürfen Sie essen, bzw. trinken: Der in welkem Zustand weithin duftende **Waldmeister** aromatisiert Wäsche, Wohnung und Maibowle. **Bärlauch** darf nicht fehlen, und für den Haustee eignen sich **Halbschattenminzen** wie Bananen-, Erdbeer-, Feigen- und Orangenminze.

- *Frühlingsblüher* Legionen von **Zwiebel- und Knollenblühern** sollten mit im Spiel sein: Kleine, wilde

Tülpchen, Anemone nemerosa, Hundszahn, Winterlinge, Krokusse, Schneeglanz, Zwergnarzissen, Hasenglöckchen - und Frittilarien (!), wie z.B. die Schachbrettblume. - Verzichten Sie auf Giftiges, und wählen Sie Wildobstsorten, die auch Kindern Freude bereiten. Beeren, die man im Dickicht suchen muß, sind interessanter als die aus „normalen" Beeten. Vergessen Sie auch bitte nicht die Trittsteine - in ausreichender Größe, sodass sie auch dann noch beim Ernten begehbar (und sichtbar!) sind, wenn sich Stauden und Bodendecker breit gemacht haben.

Wahren Sie die Form …

Nicht nur bei unseren Pflanzbeispielen ist es wichtig, die beteiligten Rosen im Zaum zu halten.

In wirklich großen Gärten können einige ungezähmte Riesenbüsche wachsen, wie sie wollen, und auch unsere Wildobstgehölzgruppe bleibt weitgehend „unbeeinflusst"; wo dergleichen am Platz ist, hat es seinen eigenen Reiz. Die Gesamtwirkung der meisten Pflanzungen ist jedoch schnell dahin, wenn man nicht mit einer gewissen Routine ´dranbleibt, und außerdem halten kompakt geformte Rosensträucher den häufiger werdenden Unwettern viel besser stand. Außerdem bilde

ich mir ein, dass Schnittmaßnahmen die Hagebutten-
bildung fördern... Wenn Sie die Endhöhen der Rosen
unter Kontrolle behalten, die einzelnen Sträucher schön
kompakt werden lassen und auf die **Grundformen**
Einfluss nehmen, werden sie den ganzen Garten
jedenfalls noch viel bewusster gestalten können. Selbst
der naturnahe Garten, der vielen Nützlingen ein Heim
bietet, bleibt immerhin vor allem ein Menschenbiotop -
der Ort, wo Homo Sapiens aufblüht. Von *Gartenkunst*
wage ich dabei nicht zu sprechen; gerade wir in Kassel
wissen so manches Lied vom Missbrauch des Wortes
„Kunst" zu singen. Aber egal, ob der Hobbygärtner etwas
hinbekommt, das sich Kunst nennen *dürfte*, oder nicht;
immerhin ist ein Garten <u>die</u> Chance, eine echte
Anregungsquelle für Schaffensdrang zu besitzen.

Das Formieren der Sträucher ist gar nicht so schwer.
Stellen Sie sich gleich beim Schnitt vor, wie die Rose
nach dem Neuaustrieb höchstwahrscheinlich aussieht,
also z.B., in welche Richtung der neue Trieb weisen wird
(vergleichbar ist dies vielleicht am ehesten mit dem
Rückschnitt eines Bonsai in traditioneller „Besenform"),
oder wie aus einem heruntergebundenen Rosenzweig
senkrechte Triebe wachsen werden, die wiederum als
Gerüst für eine neue Form dienen können.

Experimentieren Sie! Unsere Rosen sind ja robust.
Außer Einmal blühenden Moosrosen (Rosa muscosa), die
direkt nach der Blüte geschnitten werden, vertragen die
meisten[23] einen winterlichen Formschnitt ebenso gut wie
Äpfel und Birnen, wobei Sie Sorten, die naturgemäß
riesig werden würden, natürlich nicht gerade zwingen

---

[23]Die „**Rose de Resht**" etwa sollte meiner Erfahrung nach gar nicht
geschnitten werden. Auch „**Agnes**" mag so´was nicht. Erkundigen
Sie sich im Zweifelsfall bei einem Rosenanbieter Ihres Vertrauens,
ob Ihre Alte Rose einen starken Pflegeschnitt verträgt oder nicht.

sollten, sich wie kleine Beetröslein zu benehmen. Vermeiden Sie auch jegliche Schnittmaßnahmen an Hecken, dichten Großsträuchern und Ramblern in der Vogelbrutzeit bis Ende Juni, und wenn es gerade noch so unordentlich aussieht. - Am Ende stehen dann sogar die „Alten" als schön gestaltete Büsche in Ihren Gärten - mit oder ohne zierende oder versteckte Stützen. Das ist wesentlich wirkungsvoller als unkontrolliert wuchernde Strauchhaufen, die gerade in kleinere Gärten sehr viel Unruhe bringen würden.

Apropos Unruhe: Zwischen Gehölzgruppen, Strauchrosen und Beeten ist auch ein gepflegter Rasen unerlässlich, weil sich hier das Auge des Betrachters ausruhen soll. Kurz geschorenes Gras bringt die Üppigkeit der Pflanzinseln und Rabatten also erst richtig zur Geltung. Für die Wiesenliebhaber unter Ihren Nutzinsekten sollten Sie eine bis mehrere „Inseln" stehen lassen, die nur zweimal im Jahr gemäht werden.

Bei der Gestaltung des Gartens sind wir freilich auch dem Zufall unterworfen: Urplötzlich bekommt man eine Rose geschenkt, für die man an sich gar keinen Platz mehr hat, eine andere, für die Gesamtoptik wichtige erfriert, oder dort, wo ein großer Strauch vorgesehen war, steht am Ende ein eher winzig gebliebener.

Da hilft oft nur eine gute Idee …

Auf der nächsten Seite sehen Sie meinen Versuch, einer kleineren Rose mehr Raum neben einer größeren zu verschaffen, ohne sie umzupflanzen. - Zuerst wurde der Strauch zusammengebunden (zum Glück handelte es sich um die nahezu stachellose Maitre d′Ecole), und dann die gesamte Pflanzstelle nach vorn erweitert (**links**).

Nach der Blüte wurden die Triebe <u>gleichmäßig gekürzt</u>, und <u>fächerförmig herunter gebunden</u>. Bald wachsen aus den herunter gebundenen Zweigen neue, senkrechte Triebe (**rechts**), die im Winter auf die gewünschte Höhe zurückgeschnitten werden. Wenn die Idee zur Rose paßt, macht das Ausprobieren Spaß; mal sehen, ob es klappt.

Rare Rosen

Die lange Zeit des Desinteresses an jenen Rosen, die wir heute „Alte" nennen, hat zum Verschwinden einiger wunderbarer Sorten geführt. Andere, die als ausgestorben galten, gibt es aber heute wieder! Eine gute Nachricht, vor allem für Raritätensammler. Ich habe versucht, Beispiele zu finden, bei denen wir auf jeden Fall Bezugsmöglichkeiten haben:

Lange verschollen war Rosa damascena „**La Negresse**" aus dem Jahr 1842. Der Strauch wird - ähnlich wie „Leda" - nur 1m hoch. Einziger Nachteil: Die *granatrote* Schönheit benötigt einen luftigen Standort, z.B. in Norddeutschland.

Die seltene „**Blue Boy**" ist eine Zentifolie aus dem Jahr 1958; der 1,5m hohe Strauch erblüht in *Rotviolett*.

„**Royal Marbreé**" von 1845 hat ebenfalls *lila* Blüten, und wird 1,5m hoch. Sie sollte nach der Blüte zurückgeschnitten werden, weil sie leider zu Blattflecken neigt.

Sehr gesund, aber mit 3m echt riesig ist eine bei **Meldorf** gefundene, spektakulär *rot* blühende Rose, die Sie bei *Karl Otto Schütt* bekommen können. Vermutlich handelt es sich um eine Bourbon - Rose.

Beim gleichen Anbieter bekommen Sie auch die 1980´ziger Lens - Rose[24] „**Dentelle de Bruxelle**" Syn. „*Violette Fire*" (Climber, 10m), die ihrem zweiten Namen alle Ehre macht, und die wunderbare, *perlrosa* blühende Bibernellrose „**Staffa**". Ihr einziger Nachteil: Die Herbstfärbung fehlt! - Sie wird wurzelecht sehr groß; zum Glück ist auch jene Spielart von „**Staffa**" erhältlich, die auf Unterlagen wachsen kann.

Raritäten zu bewahren, kann das Gartenhobby mit noch mehr Sinn erfüllen. Vielen Lesern dürfte der Name des Ungar - Österreichers *Rudolf Geschwind* ein Begriff sind. Ist es nicht ärgerlich, dass die meisten seiner einzigartigen Züchtungen verschwunden sind? - Was, wenn Sie die Gelegenheit hätten, in einem ähnlichen Fall selber Sortenerhaltung zu betreiben? Nun, die haben Sie vielleicht bald. *Gergely Màrk* ist, genau wie Rudolf Geschwind, ein großartiger Kreateur ungarischer Rosen. Seit über 50 (!) Jahren selektierte er 600 Teehybriden, Strauchrosen, Rambler und Bodendecker - unter anderem die erste (!) Nostalgie -Teehybride in Apricot mit Gelb und Rosa, lange vor Rosen wie „**Augusta Louise**". - Die meisten seiner Sorten zeichnen sich durch außer-gewöhnliche Robustheit und Winterhärte aus. Kein Wunder: Zum Teil arbeitet Herr Màrk unter in Deutschland schwer vorstellbar widrigen Umständen. Nehmen wir als Beispiel „**Kukk**" (S.60), die eine Alternative zu Rosen wie „**Westerland**" sein kann. Der kompakte Strauch ist besonders trockenheits-verträglich. Er blüht, ohne gegossen zu werden, bei dauerhaft hohen Temperaturen; Eigenschaften, die auch in Deutschlands Zukunft eine besondere Bedeutung bekommen könnten.

---

[24] *Louis Lens* nutzte gegen Ende des Zwanzigsten Jahrhunderts die Eigenschaften vieler robuster Wildrosen für sein Zuchtprogramm, z.B. R. moschata, R. bracteata und R. rugosa.
Es entstanden Rambler wie „**Guirlande d´Amour**" (weiß; 3m; Rosen - Schultheis), Strauchrosen, kleinblütige Climber sowie Flächenrosen, die alle einen ganz eigenen Charme besitzen.
Die wichtigste Eigenschaft aller Lens - Rosen ist ihre Vielseitigkeit.

„**Domokos Jànos emléke**" (S.60) blüht ebenfalls sehr reich. Im Herbst bleibt das Laub bei ihr sehr lange haften. Für Deutsche recht seltsam klingt „**Àrpàd - hàzi Szent Erzsébet**" (S.81), dabei bedeutet der Name nichts anderes als „**Heilige Elisabeth von Thüringen**". Diese für den Schnitt geeignete Rose blüht in malerischen Rispen, üppig und selbstreinigend. - Viele Màrk - Rosen sind derart ungewöhnlich, dass sie wie aus anderen (Rosen)welten zu kommen scheinen. Andere wirken, als seien sie ihrer Zeit voraus, z.B. seine zweifarbigen Nostalgierosen. - Was in Zukunft aus dem Betrieb des heute 83jährigen, professionellen Züchters wird, liegt im Dunkeln; bisher war es auch kaum möglich, seine Sorten ins Ausland zu versenden, weil der finanzielle Aufwand einfach zu hoch war. Der Vertrieb in Deutschland befindet sich in der Vorbereitung: Auf Seite 88 sehen Sie die Adresse von Herrn *Weingard*, der hoffentlich bald dabei helfen kann, die harten, originellen Rosen von Gergely Màrk auch hier zu pflanzen.

Rosen, die nicht jeder hat, sind auch bei den wenig bekannten <u>Liebhaber</u>züchtern Deutschlands erhältlich. Sie entwickeln besonders ungewöhnliche Rosen, was für professionelle Züchter verständlicherweise meist nicht rentabel ist.

Franz Wänninger etwa kreierte mit „**Zauberfee**" eine exklusive, *lichtgelbe* Strauchrose mit starkem Himbeerduft. Ihre Blüten sehen wie platt gedrückte Kiefernzapfen aus, wobei die Blütenblätter ähnlich „spitzig" sind wie z.B. bei „Cardinal Humé" (S.74). Seine Strauchrose „**Tobi**" wiederum erinnert an die weithin leuchtende, *gelbrote* ADR - Rose „Bonanza", duftet jedoch stark! „**Picatelli**" hingegen, eine *himbeerrote* Beetrose (!), riecht nur leicht nach Äpfeln, aber auch bei ihr ist die Blütenform etwas ganz Besonderes (S.72).

Alte Raritäten, von engagierten Rosenschulen neu vermehrt, nahezu unbekannte Profizüchter, und Deutschlands „Private" - da sehen wir anhand von nur drei Beispielen, wie viele Gartenschätze halb im Verborgenen schlummern, und wie leicht es heute sein kann, sie im eigenen Garten zu bewahren.

Links: Eine Blüte von Gergely Màrks
Strauchrose „**Kukk**".
Mitte rechts: **„Domokos Jànos emléke"**
blüht auch noch im Spätherbst.

Mitte links: *Gergely Màrk*, ein
ungarischer Profizüchter,
der seit 50 Jahren ungewöhnliche Neuheiten kreiert.
- Unten links: R. rugosa „**Rotes Phänomen**" zeigt violette
Staubgefäße. Die in natura recht schönen
Blüten sind nicht besonders fotogen, aber
faszinierend „anders"! - Unten rechts:
R. rugosa "**Scabrosa**" von 1950 besitzt
riesige Petalen. Wie bei allen Rugosas
schmecken die Früchte wie süße Tomaten.

60

Rosenduft und Rosenspeisen

Man sagt, dass uns die Worte fehlen, wenn wir Düfte beschreiben… Wie ich gehört habe, ist der Grund hierfür die mangelnde Verkoppelung unseres Sprachzentrums mit dem olfaktorischen Sinn. Aus diesem Grund können wir uns - soweit der Stand meiner etwas dürftigen Information - Bezeichnungen einfallen lassen für das, was wir fühlen, sehen und hören, z.B. RAUH, SCHRÄG, GELB oder TREMOLIEREND, nicht jedoch für Gerüche.

Schade eigentlich. Stellen Sie sich vor, „**Westerland**" röche PONT oder ZNEMPF! Ohne Geruchsadjektive kann man sich trotz genauesten Hinschnüffelns nur mit Vergleichen behelfen, sodass Westerland stattdessen halt nach GRAPEFRUIT MIT KAROTTE duftet - was uns zugegebenermaßen darauf vorbereitet, dass ihre Früchte nach süßen Möhren schmecken.

Bei anderen kommt man damit gar nicht weiter. Zum Beispiel die moderne, lachsorange Kletterrose „**Aloha**"! Was ist das bloß, Liguster mit Fruchtsaft? Nun Ja…

Eines ist immerhin klar: *Alte Rosen* riechen voller und vielschichtiger als Moderne. Wunderbar ist der schwere, „ölige" Unterton in solchen Düften; aus diesem Grund lassen sich Historische Rosensorten nicht ersetzen.

Bei Sorten wie „**William Lobb**" (Cover) meine ich auch noch Nuancen von Sahne, Likör, Feige und vielem anderen zu erfassen, und Spitzen - Dufter wie „**Rose de Resht**" überfordern mein Wortfindungsvermögen vollends - mit ihrem tiefen, schweren, kurz gesagt *herrlichen* Rosenduft, den keine öfter blühende Rose ganz erreicht. Der Duft der Modernen, auf den ich andererseits auch nicht verzichten möchte, kommt mir <u>oberflächlicher</u> vor, oder sollte ich lieber sagen:

Eindeutiger? - Da haben wir zum Beispiel Apfelshampoo bei „**Ayrshire Queen**", Himbeerbonbon bei „**Nostalgie**", Johannisbeere bei „**Mildred Scheel**", oder Edelrose bei „**Molineaux**". Auch viele Wildrosen duften „eindeutig": **Rosa multiflora** süß nach Honig, **Rosa rugosa rubra** scharf nach Gewürznelke, und die für Sternrußtau anfällige R. canina sanft nach Wildrose.

Bei den Bestandteilen des Rosenduftes handelt es sich übrigens um „fettgebundene Alkohole", und das Tolle an ihnen ist, dass sie leicht extrahiert werden können.

Zu diesem Zweck werden die Blüten beispielsweise eingelegt. So „löst sich die Veresterung", Alkoholgruppen werden flüchtig; das Aroma kann in die umgebenden Flüssigkeiten oder Substanzen (z.B. Zucker!) übergehen, und sich, wenn wir es geschickt anstellen, in *Geschmack* verwandeln.

Ich verstehe allerdings nicht, warum man dabei immer wieder liest, „bittere", weiße Blütenblattspitzen müssten abgeschnitten werden. Rosen enthalten keinerlei Gift; sollten die Petalen einer Sorte bitterer schmecken als üblich (wie z.B. bei „**Paula Vapelle**"), handelt es sich um eben jene Gerbstoffe, die z.B. Rosenblütentee zu einem recht wirkungsvollen Hausmittel gegen leichte Verdauungsbeschwerden machen. Viele Leute mögen ja auch Schwarzen Tee, Kaffee oder gar Campari, die noch wesentlich „bitterer" sind! Und: Auf den letztendlichen Geschmack der Speisen hat die Bitternis der rohen, puren Petalen ohnehin meist keinen Einfluss. - Ich möchte auch noch einmal betonen, wie gut sich die modernen, öfter blühenden Rosen für Speisezwecke eignen. Natürlich geben weiche Petalen ihre Ätherischen Öle leichter frei als harte, aber so stark scheint der Effekt, wie gesagt, nicht zu sein; es funktioniert ganz einfach trotzdem.

Trüffel, Kuchen, Fleischgericht: Duftende Rosenblütenblätter sind nicht nur beim Beschnüffeln interessant, sondern können auch direkt von innen wirken.

Links: „**Emilien Guillot**" besitzt nachdunkelnde Blüten
Rechts: Die Kletterrose „**Goldfassade**" wird etwa 4m hoch

Wie spaßig es ist, die eben genannten Veresterungen mit diversen Maßnahmen zu lösen, können Sie jetzt gleich wieder selber probieren.

Getrocknete Rosenblüten

Nutzen Sie die rascheltrockenen Blütenblätter schon als inhaltsstoffreichen Tee? Für viele Rosenrezepte werden sie ebenfalls gebraucht. Geben Sie das „multifunktionale Haushaltskraut" auch ´mal ins Badewasser, stellen Sie Schalen voller getrockneter Rosenblütenblätter in die Wohnung, oder legen Sie Netze mit Trockenpetalen in den Kleiderschrank. - Und so geht es:

Legen Sie abgezupfte Duftrosenblütenblätter - natürlich ungespritzt, wie bei jedem Rezept - auf ein mit Backpapier bedecktes Kuchenblech. Stellen Sie es an einen luftigen Ort, wo keine starken Gerüche vorherrschen. Legen Sie eine zweite Lage Backpapier über die Blütenblätter. Lockern Sie die Blütenblätter-schicht <u>täglich</u> vorsichtig mit den Fingern.

Kontrollieren Sie dabei, wann sie ganz und gar knister - rascheltrocken sind (sie sollten nicht mehr weich und lappig, sondern eher fest sein. Das kann ein Unterschied von TrocknungsSTUNDEN sein!)

Bewahren Sie sie nun in einem Schraubglas auf. Lichteinfluss bitte vermeiden. Geeignet sind Alte Rosen mit Duft, z.B. „**William Lobb**" (riesige Moosrose; siehe Buchcover - sogar für den Schnitt geeignet), aber auch „**Piano**", „**Westerland**" und andere - <u>witzig: Rosen mit Streifen, wie „**Henri Matisse**"</u>. - Im günstigen Früh-sommer 2007 konnte ich sogar „Ombrée Parfait" beernten, da sie nicht mit Pflanzenstärkungsmitteln (siehe erstes Buch) gespritzt werden musste; die sehr kleinen Blättchen blieben tief violett mit weißen Spitzen.

-- Es empfiehlt sich, die Blütenblätter *mindestens* <u>nach der Größe getrennt</u> zu trocknen und aufzubewahren.

-- Bei einfach blühenden Rosen streifen Sie bitte immer nur die Petalen von den werdenden Hagebutten, um diese nicht zu vergeuden.

-- Bei kühler Sommerwitterung ist es besser, nur die <u>kleinen</u> Blütenblätter (z.B. von Ramblern, oder von Rosen wie „Ombreé Parfait" oder „**Captain J. Ingram**") zu ernten, damit sie nicht so lange zum Trocknen brauchen.

Ossobuco con Fiori

In Deutschland benutzt man Rinderbeinscheiben zumeist als Suppenfleisch. Hier einmal etwas völlig anderes!

Pro Person 1 große Rinderbeinscheibe
(Herrchen und Frauchen von Hund und Katz brauchen natürlich <u>zwei</u> große Markknochen)
-- **Geschmacksneutrales Öl**
-- **Instant - Gemüsebrühe**
-- **Tomatenmark**
-- **Wasser**
-- **1 - 2 EL Honig**
-- **Getrocknete, möglichst dunkle Rosenblütenblätter von Rosa gallica**
-- **Getrockneter Thymian oder Dost**
-- **Taglilienknospen, Taglilien- und Dostblüten**
-- **Speisestärke**
-- **Mandelblättchen**

Los gehts: Bestreuen Sie die Beinscheibe beidseitig mit Instantbrühe. Von beiden Seiten kurz anbraten, und dann die Pfanne kurz vom Herd nehmen.

Bestreichen Sie das Fleisch beidseitig mit Tomatenmark, und bestreuen sie es mit Thymian und getrockneten Rosenblütenblättern. Fleisch nicht mehr wenden.

Füllen Sie die Pfanne während des Weiterbruzzelns knapp zur Hälfte mit warmem Wasser, das Sie dann noch mit 2 EL Honig und 1 EL Instantbrühe würzen.

Schmoren Sie das Fleisch **60 - 90** (!) **Minuten** lang bei kleiner Hitze; <u>die Taglilienknospen werden erst hinzuge-fügt, wenn das Fleisch allmählich weich wird</u>.

Legen Sie die Beinscheibe anschließend kurz beiseite, und dicken Sie die Soße evtl. mit etwas Speisestärke (oder Mehlbutter) an. Beim Anrichten wird jede Portion mit Mandelblättchen und frischen Blüten von Rosen, Taglilien, Thymian und Dost (= "Deutscher" Oregano) dekoriert. - Das Knochenmark ist ganz besonders lecker!

-- Gerade Frauen sollten auf die Mandeln verzichten (oder sie einfach zwei Stunden später naschen), um den Eisengehalt des Rindfleischs voll nutzen zu können.

-- Versuchen Sie auch einmal Kaninchenkeulen statt Rinderbeinscheiben.

Rosentrüffel

Eine umwerfende Rosenspeise!
Mehr sage ich dazu nicht. Sie brauchen:

-- **2 EL ganz weiche Butter**
-- **1 kleines Kuchenblech**
-- **400 g Weiße Schokolade**
-- **200 g Creme Fraiche**
-- **1 Tasse fein zerkleinerte, dunkle, getrocknete Rosenblütenblätter**
-- **Bunt- oder Rosenzucker**
-- **6 EL Alkoholansatz, oder besser: Rosenlikör**

Alkoholansatz
Drücken Sie 3 Hände voll ungespritzte, duftende, grob zerkleinerte Rosenblütenblätter und 50 g Honig in ein Schraubglas, und füllen Sie mit Doppelkorn auf.
Jeden Tag **kräftig schütteln. 2 Tage lang ziehen lassen** (nicht im Kühlschrank). Danach die Petalen ausdrücken, und die Flüssigkeit erst durch ein Nudelsieb, dann durch ein Teesieb in das ausgespülte Schraubglas füllen.

Legen Sie das kleine Blech erst einmal in die Tiefkühltruhe. - Streuen Sie den Buntzucker auf ein kleines Tellerchen. - Erhitzen Sie die Creme Fraiche, und lassen Sie die fein zerkleinerte Schokolade vorsichtig darin schmelzen, ohne dass die Creme kocht. - Fügen Sie die restlichen Zutaten hinzu; wenn sich die trockenen Rosenblüten nicht zerkrümeln lassen, zerschneiden Sie sie mit einer Küchenschere. - Stellen Sie die Masse kalt, bis sie FAST hart ist. Sie muß noch formbar sein! Stechen Sie mit einem Eierlöffel (o.ä.) kleine Bröckchen ab, die Sie mit kalter (!) Hand zu Kügelchen formen, in dem Bunt- bzw. Rosenzucker wälzen, und dann sofort auf das geeiste Blech legen.

Wem das Formen von Kügelchen zu mühselig ist, beginnt mit der noch etwas weicheren Masse, und erstellt per Teelöffel kleine „Plätzchen". So kommen auch die Petalenstückchen gut zur Geltung.

Beschwipster Rosenkuchen

Endlich ein Backwerk, bei dem das Rosenaroma erhalten bleibt! Die Idee dazu kam mir, als ich eine Flasche Sherry geschenkt bekam, und das Ergebnis hat diverse Probeesser wiederholt (!) überzeugt. Verrühren Sie
 -- 250 g Vollkornweizenmehl, gemischt mit
-- ½ Päckchen Backpulver
-- ½ TL Salz
-- 250 g Rosengelee (1/2 Glas)
-- 250 g Fett (erwärmter Margarine oder Butter)
-- ½ Schraubglas getrocknete, kleine Rosenpetalen
-- etwas warmes Wasser und
-- 100 ml Sherry, oder, noch besser: Rosenlikör
**   … zu einem relativ flüssigen Teig.**
Befüllen Sie eine gut gefettete, mit Gries ausgestreute Kastenform, und backen Sie das Dessert
    45 Minuten bei 175 °.
Nach dem Abkühlen aus der Form nehmen.

Nach Geschmack dekorieren, z.B. mit Glasur und Zuckerröschen, oder mit kandierten Rosenblütenblättern: **Hierfür müssen Sie die einzelnen Petalen schon Tage vorher vollständig mit Eiweiß einpinseln, sorgfältig einzuckern, und gut trocknen lassen.**

--- Da keine frischen Blüten gebraucht werden, paßt der beschwipste Rosenkuchen gut in die Adventszeit. So bringt er den vergangenen Sommer in den Dezember. --

Pirate's Parrot (Rosen - Mojito)

(- Eine Portion. Foto auf dem Buchcover)

Übergießen Sie eine Handvoll grob mit den Fingern zerrissener **Rosenblütenblätter** mit 2-3cl **weißem Rum**.
Lassen Sie diesen Ansatz einige Minuten lang stehen.
Geben Sie nun eine halbe, zerkleinerte, nicht gespritzte **Limone** und 2 TL **braunen Zucker** hinzu. Zerdrücken Sie diese Zutaten, z.B. mit einem Cocktailstampfer.
...ungefähr 50ml **eiskaltes Wasser** hinzufügen.
Glas mit gecrushtem **Eis** bis zum Rand füllen.

--Bunt: Toll wären Petalen der *lila* „**Rhapsody in Blue**" mit denen der *gelben* „**Agnes**" und der *magentaroten* „**Dark Foxi**"; stimmen Sie die Farben der Rosenblütenblätter mit den Strohhalmen ab.
--Rugosas: Sie sind einmal mehr am besten geeignet, denn die Petalen sollten wirklich ganz stark duftend sein.
--Vorsicht: Rosenaroma regt den Appetit an, wovon es sich auch in diesem Rezept nicht abbringen läßt; bitte niemandem anbieten, der noch fahren muß.

Roseneis

Was mich schon immer aufgeregt hat: Es gibt offenbar keine Eisrezepte für Leute ohne teure Eismaschine.
- Gut, gleich kommt eins (Foto auf dem Cover).

Übergießen Sie 1 Handvoll ungespritzte **Duftrosen-blütenblätter** mit 150ml sehr heißer Milch (3,8%Fett, oder gemischt mit Kondensmilch).

Nach etwa drei Stunden durchsieben, mit einem **Eigelb**, 1P. Vanillezucker, ½ TL **Salz,** und 3-4EL **Zucker** oder **Rosengelee** verrühren.

Eine weitere Handvoll **frische**, sehr stark duftende **Rosenpetalen** hinzufügen - und in der Flüssigkeit mit dem Pürierstab pürieren

150 ml süße Sahne steif schlagen, und die Flüssigkeit laaangsam hineinrühren.

Befüllen Sie einen 500ml - Plastikeisbecher, oder eine entsprechend große Gefrierdose.

Stellen Sie das Eis in die Tiefkühltruhe.

Bitte **alle 40 Minuten** umrühren. -

Oder: **Füllen Sie einen großen Topf zur Gänze mit Eiswürfeln. Überstreuen Sie die Würfel mit einem halben Päckchen Salz. Stellen Sie das Gefäß mit dem künftigen Roseneis mitten zwischen die Eiswürfel, und rühren Sie die Rosenspeise, bis sie cremig gefriert. Ich hab´s noch nicht ausprobiert! Aber es soll klappen.**

Bevor Sie das „nach Plan A" zubereitete Eis servieren, müssen Sie das Gefäß kurz in warmes Wasser stellen, um den Block stürzen und in Stücke schneiden zu können; halbgefroren geht es aber auch!

-- Für Eiskugeln versuchen Sie bitte die beschriebene Methode mit dem Salz.--

Rosengärtner´s Fischgericht (4 Portionen)

-- Ausgepulte, halbierte Rugosa - Hagebutten
-- 4 Schollen- oder Rotbarschfilets
-- 2 unbehandelte Zitronen
-- Salz
-- Mehl
-- 2 Tassen rascheltrockene, möglichst kleine Duftrosenblütenblätter - z.B. von kleinblütigen Duftramblern, oder Innenpetalen (S. 33, 34, 85)
-- Rapsöl (leichtes Zitrusaroma)
-- Frischkäse, verrührt mit Zitronensaft
-- Einige ungespritzte, gelbe Rosenpetalen

Erster Tag: Mit Teelöffel entkernte Hagebuttenhälften über Nacht einweichen.

Zweiter Tag: Hagebuttenhälften aufkochen, 5 Minuten dünsten, beiseite stellen.

-- Fischfilets salzen, mit etwas frischem Zitronensaft beträufeln. Jedes Filet von beiden Seiten mit den trockenen Rosenblütenblättern bestreuen (1/2 Tasse pro Filet*), anschließend etwas in Mehl wälzen.

-- Öl erhitzen, die panierten Filets von beiden Seiten kurz anbraten.

-- Bei geringer Hitzezufuhr 10 min. dünsten.

-- Richten Sie den Fisch auf Zitronenscheiben an. Garnieren Sie jede Portion mit den Hagebutten, die vorher mit dem Frischkäse gefüllt werden.

*... keine Alten Rosen? Die härteren und größeren Petalen Moderner Rosen sollten für Rezepte wie dieses frisch verwendet werden. So können sie leichter fein gehackt werden, bevor der Fisch großzügig damit bestreut wird.

Franz Wänningers robuste Beetrose **„Picatelli"** hat eine ungewöhnliche Blütenform.

Von Familie Eckhardt habe ich viel übers Gärtnern gelernt, hier bekomme ich gerade Tomaten.

Meine fünfjährigen Sträucher **„Red Nelly"** (links) und **„Rose de Resht"** (rechts)

Rosiges von A-Z

Ausgediente Schilfmatten sollten Sie nicht wegwerfen; lagern Sie das Material, und nutzen Sie es als Winterschutz für Obelisken, und für die Senkrechtseiten der Rosenbögen.

Abends duften nicht viele Rosen.
Treffen Sie die Wahl gemäß Ihres Lebensstils:
Relativ spät sind noch **Red Blush** und die Damaszenerrose **Quatre Saisons Blanc Mousseaux** (beider Blüten siehe Buchrückseite), Kordes´ neue Kletterrose **Aloha** (*orange*), die rot *gesprenkelte*, *weiße*, bis zu 8 Wochen lang blühende Kletterrose **Kir Royal**, der *gelbe*, einfache, sehr stachelige Kletterer **Maigold**, Englische Rosen mit Frucht- oder Myrreduft, sowie der Rambler **Ayrshire Queen** gut zu erschnüffeln - es sei denn, es ist zu kalt. - Der *rosa* Rambler **Himmelsauge** hingegen duftet fast nur frühmorgens, und das nur bei Sommerwärme! Weitere frohe Frühmorgendufter sind **Maitre d´Ecole**, **Mainzer Fastnacht**, **Rose de Resht** und viele Moosrosen, z.B. **Captain John Ingram**.

Arzneipflanzen: Früher war es selbstverständlich, Rosen auch als Medizin einzusetzen. Hätten Sie gedacht, dass eine Abhandlung über die positiven Wirkungen des Rosenduftes auf die menschliche Psyche (!) bereits im Elften Jahrhundert verfasst wurde?

Bibernellrosen sind nicht die einzigen Wildrosen, die man mitunter „Schottische Zaunrosen" nennt. Auch R. rubinigosa heißt manchmal so - ob das korrekt ist, weiß ich jetzt nicht. Robuste Duftrosen aus dieser feinen, im Gegensatz zu den Bibernellen sommerblühenden Familie sind „**Amy Robsart**" (1894) - mit einfachen, *roten* Blütchen - und der 2m hohe „**Fritz Nobis**" (1940). Er verwöhnt Betrachter mit einem tollen Farbenspiel: Die große Fülle der Knospen erscheint in dunklem Lachsrosa, die leicht gefüllten Blüten zeigen sich zur gleichen Zeit in beinahe weißem, hellen *Rosé*.

Blaue Rosen: Die für mich zweitblaueste Rose überhaupt ist „Cardinal Humé", die viel älter als nur 23 Jahre aussieht. Die *dunkel violetten* Blüten haben spitz auslaufende Petalen, was an Kiefernzapfen oder Dahlien erinnert. Überraschenderweise duften die Blüten dieses seltsamen, kleinen Strauches, und damit gehört er zu den aufregendsten Rosen, die ich kenne; ob das Röslein robust ist, weiß ich leider nicht.

„**Comte de Chambord**" und „**Madame Knorr**", beides öfter blühende, *pinkfarbene* Portlandrosen mit fantastischer Blütenfüllung, sind wahrscheinlich identisch! Zumindest glauben das die meisten Experten. Welche von beiden gibt es wohl noch? - Viele alte Sorten sind verschwunden, und nur angeblich noch im Handel. Häufig sind zwei sich ähnelnde, Alte Rosen in Wahrheit dieselbe, so wahrscheinlich auch die beliebten, *weiß* blühenden Riesen „**Rambling Rector**" und „**Seagull**".

„**D**ainty Bess" (=„Tussige Trudi", wenn mich meine Sprachkenntnisse nicht trügen) ist eine der seltenen EINFACH blühenden Edelrosen. Ihrem Namen zum Trotz ist sie robust. Leider duftet sie nicht - aber ist es nicht faszinierend, dass es so etwas gibt? Langstielige Teehybriden, mit FÜNF Petalen !

„**E**xplorer Series" ist die Bezeichnung besonders frostharter Strauchrosen aus Kanada, z.B. die 1968 entstandene, gefüllte, *hellrosa* „**Martin Frobisher**" (1,5m).
Etwas kleiner bleibt „**Jens Munk**" von 1974, der halb gefüllte *lilarosa* Blüten trägt. Natürlich haben beide Rugosa - Gene.

Grünäugig kommt R. damascena „**Madame Hardy**" daher; sie ist mir deswegen von allen *weißen* Rosen die liebste.

Hahnenfuß in Massen zeigt Staunässe an, genau wie ein Übermaß an Ackerschachtelhalm. Versuchen Sie an solchen Orten, Rosenbeete als großzügige Flächen anzulegen, die Sie rigolen, und mit viel Sand versetzen - oder als *flache Hügel* - oder als 3 Spaten tief gelockerte, weiträumige *Tiefkulturbeete.*

Im Handel findet sich mitunter„Mykhorriza - Pulver", das in Pflanzgruben gestreut wird, z.B. bei den Firmen **Chrestensen** und **Pötschke**. Es handelt sich um mikroskopisch kleine Bodenpilze, die mit den Faserwürzelchen der Pflanzen Symbiosen eingehen - zum beiderseitigen großen Nutzen.
In der freien Natur sind die Mikro - Bodenpilze verbreitet, im Garten fehlen sie meistens. Solche Produkte sind meiner Erfahrung nach keinesfalls Humbug. Ein halb vertrockneter, stark von der Schrotschusskrankheit befallener Pflaumenbaum wurde von mir in eine mit Mykhorriza ausgestreute Grube gepflanzt, und zeigte ohne jegliche weitere Hilfe seit 7 Jahren keinerlei Krankheitssymptome mehr.

Jede Rose braucht um sich herum einen mehr oder weniger kleinen, offenen Bereich. Auch Mulch (Bodenbedeckungsmaterial) sollte *nie* direkt an die Rosenstöcke heranreichen.

Keine Krankheit: Das Laub von „**Stanwell Perpetual**" (S. 29) hat manchmal rötliche Fleckchen.

Lieber wenige gute Rosen im Garten, als eine große Anzahl namenloser Problemfälle aus dem Supermarkt.
Ohnehin gilt: Je weniger Rosen im Garten stehen, desto gesünder werden sie bleiben.

Mönche kultivierten im Mittelalter so manchen Gartenschatz - aber keine Rose, die im Herbst noch in Vollblüte stand, wie es in einem der Bücher um „Brother Cadfael" passiert. „**Brother Cadfael**", eine *pinkfarbene* Austin - Rose, blüht nichtsdestotrotz bis zum Frost; immerhin stammt die nach der originellen Romanfigur benannte Sorte von 1990.

Nicht vergessen: Nicht nur dicht gefüllte, sondern auch einfach blühende Rosen (und Stauden) pflanzen. Ihre Blattläuse fressenden Gartenhelfer werden es Ihnen danken.

Pflanzschilder sind gerade im Rosengarten äußerst wichtig. Sie können sie aus lufttrocknender Modelliermasse (Bastlergeschäft) selber herstellen, z.B. mit Hilfe von Ausstechformen. Schreiben Sie nach dem Trocknen den Namen der Rose, das Entstehungsjahr und das Pflanzjahr darauf (oder auch die Bezeichnung einer ganzen Pflanzung, z.B. „RUBINIGOSA - GRUPPE", oder „NOSTALGISCHE ROSEN") - und zwar mit einem Stift, der Outdoor - Klarlack verträgt. - Stecken Sie das Schild nun auf ein oder zwei Bambusstäbe, und lassen Sie es trocknen. Anschließend lackieren. - Eine weitere Möglichkeit: Mit weißem Outdoor - Lackstift beschrifteter, dunkler Schiefer aus dem Aquarienfachhandel!

Quälen Sie sich nicht ab mit Sorten, die in Ihrem Garten einfach nicht gedeihen wollen. Von solchen Problemfällen sollte man sich rigoros *trennen*.

Rosen, die nur zu bestimmten Tageszeiten (oder nur bei Hitze) duften, werden oft versehentlich unter den Scheffel gestellt - d.h., in Katalogen und Verzeichnissen als nicht duftend beschrieben. - Sind Sie sich bei einer Sorte Ihre Wahl nicht sicher, weil jede Quelle etwas anderes erzählt? Erschnuffeln Sie die Wahrheit in natura auf Gartenmärkten, in Parks, und an „Tagen Offener Gärten" - zu verschiedenen Tageszeiten, und bei unterschiedlichem Wetter!

Rosengelee aus *weißen* Duftrosen wird zart champagner-farben (…Grundrezept erstes Buch). Stellen Sie vor dem Befüllen Zweige von Orangenthymianblättchen in die Gläser, oder streuen Sie einige wenige *dunkle* Petalen ungespritzter Rosen hinein.

Schleierhaft ist mir, warum es so wenig Literatur *über* Rosenzüchter gibt, und vor allem über die Entstehung alter Sorten … eine Aufgabe für weitere Hobbyautoren?!

Töpfchen mit Ausläufern und bewurzelten Stecklingen, aber auch Kostproben von Rosenspeisen eignen sich als Aufmerksamkeiten für Gäste. (Besonders die im Herbst gelblaubige, gut schnittverträgliche „**Veilchenblau**" wurzelt, sozusagen, „wie Gift"!) Das macht sich gerade bei Rosenführungen gut. Denken Sie aber bitte daran, dass sich wahrscheinlich nur seeehr wenige Menschen über süße, kleine Rämblerchen freuen, die in zwei Jahren 12 Meter hoch sind.

UV - Licht ist für die urtümlich aussehenden Moosrosensträucher (Rosa muscosa) wichtiger als man denkt: Keine der gängigen Sorten gedeiht so recht im lichten Halbschatten.

„**V**iticella venosa Violacea" ist eine besonders gesunde, als Rosenbegleiterin geeignete Clematis.
Ihre Blüten sind nicht gerade riesig, aber wunderbar violett, weiß *und* dunkelblau (!) gezeichnet. Sie wächst stark.
Im Dezember sollte sie auf 30cm heruntergeschnitten werden.

Vitamin C - Pulver aus der Apotheke macht <u>Rosenlikör</u> nicht nur erfrischend säuerlich, sondern auch <u>ROT</u>, und Rosengelee noch röter (etwa ¼ - 1/2 TL) - in beiden Fällen natürlich nur, wenn Sie rote, dunkel pinkfarbene oder violette Petalen verwendet haben … Das geht auch mit Zitronensaft.

Wässern Sie mit *Mulchvlies* bedeckte Flächen rechtzeitig, und <u>ausgiebig</u>. Wir müssen uns vielleicht ohnehin auf häufigeres Wässern selbst der Rosen einstellen, ob Vlies oder nicht.

Zweifarbige Rosen wie die seltene Bourbonrose „**Commandant Beaurepaire**" (1874) leiten in Gärten geschickter Gestalter von einer Farbe zur anderen über. -

Die Flächenrose „**White Roadrunner**"
bringt auch halbschattige Ecken zum Leuchten.

„**Red Blush**"   **Quatre Saisons Blanc Mousseaux** mit Nigella

Nachwort

Ich hoffe, dass dieses Buch Sie auch bezüglich der Raritäten neugierig machen konnte.

Viele als verschwunden geltende Sorten können heute wieder kultiviert werden, weil sie von Privatleuten entdeckt wurden (S.57, S.90). - Sollten auch Sie einmal eine Rose entdecken, deren Namen niemand kennt, oder die Gelegenheit haben, zurückgelassene Rosen zu „retten" - es könnte das große Los dabei sein. Denken Sie an verschollene oder verschwindende Sorten wie die sehr seltene, halbgefüllt blühende Rosa gallica **„La Luise"**, die durch ihr Farbspiel in Violetttönen auffiel, an die legendäre, schwärzlich - braune „Subnigra" (…über deren Duft mir nichts bekannt ist), oder an die zahllosen Bibernell- und Apfelrosen des 19.Jahrhunderts.

Vielleicht hat - ähnlich wie z.B. bei **„La Negresse"** - in einem verlassenen Garten, auf irgendeiner alten Mauerkrone doch noch eine von ihnen die Moden der Jahrzehnte überdauert. Meistens kann die Genehmigung, sich einen Steckling zu schneiden, eingeholt werden, und mit ein bisschen Grün am Daumen gelingt es Ihnen bestimmt, die Rarität zu bewurzeln.[25]

---

[25]Verholzte, einjährige Triebe werden auf Bleistiftlänge gekürzt; nur im oberen Bereich verbleiben zwei oder drei evtl. halbierte Laubblättchen am Steckling. Stecken sie ihn im Halbschatten bis zur Spitze in lehmig - sandige, nährstoffarme Erde. Nach einem Jahr wird er umgepflanzt, nach einem weiteren kann das Röslein an seinen vorgesehenen Standort. Vor allem mit Ramblern geht das ganz ausgezeichnet.

Sollten Sie eine Rarität oder einen interessanten bzw. Ihnen unbekannten Findling besitzen, können Sie sich mit dem **„Europa - Rosarium"** Sangerhausen in Verbindung setzen, wo aktiv Sortenerhaltung betrieben wird.

Ich finde, das ist der Punkt, wo unser Hobby spannend wird - aber auch im unspektakulären Gartenalltag kann man uns um unser Steckenpferd beneiden.

Geht es Ihnen auch so? Noch viele Stunden, nachdem ich ein neues Beet erschlossen habe, koste ich es aus, der getanen Arbeit nachzuspüren, und im langweiligen Arbeitsalltag hilft es, sich frisch gepflanzte Beutestücke vorzustellen, wie sie langsam Feinwürzelchen in die Tiefe recken, und viele Knospen ansetzen.

   - Und, und, und! - Für Sorgen wegen Pilzbefall und Anfälligkeiten ist mir deshalb die Energie zu schade. Auch darum ist es so wichtig, Rosen als die „Diven" zu behandeln, die sie sind, und: Sie wirklich standortgerecht zu wählen. Selbst die sprichwörtlich robuste, gelbe Beetrose **„Friesia"** erträgt es nicht, wenn sie von Großstauden überrannt wird, Rugosas wie **„Foxi"** würden sich auf kalkreichem Grund als kümmernde Sensibelchen zeigen, **„L´Eveque"** die pralle Sonne hassen, und die vielen, neuen Edelrosen, die soviel robuster sind als ihre älteren Schwestern, können weder im Halbschattengarten noch an der trockenen Hauswand gedeihen.

Vergessen Sie auch nicht, dass sich viele unserer Rosen benehmen wie die Katzen mit dem Futter: Das Klima, das der einen „schmeckt", ist eine Beleidigung für die nächste, und auch bestimmte Bodenverhältnisse sagen nicht jeder Rose zu.

   Darum kann es vorkommen, dass bei Ihnen eine Sorte kümmert, die sich woanders so richtig robust gezeigt hat. - Ärgern Sie sich nicht: Freuen Sie sich lieber, wenn andererseits eine „empfindliche" Sorte in Ihrem Garten kaum Befallsspuren zeigt.

Links: Gergely Màrks „**Arpad - hazi Szent Erzsebet**"
(= Heilige Elisabeth von Thüringen).
    Rechts oben: Meine „**Erinnerung an Brod**" beim Klettern.
  Mitte: Die mächtige, im Juni weiß blühende Albarose
„**Mme Plantier**" von 1835 in mondäner Herbstfärbung

Franz Wänningers Rambler
„**Unschuld**" , der seinen
Duft weithin verströmt.

Es ist nun einmal so, dass einige Faktoren zusammen-
kommen müssen, um Rosen wirklich gute oder wirklich
schlechte Bedingungen zu schaffen. Sie sind unvermeid-
barerweise überall anders, und dadurch sind den
Prüfungen, Bewertungen und dem Erfahrungsaustausch
bedauerliche, aber natürliche Grenzen gesetzt[26].

In Anbetracht all dessen kann man sagen, dass die
Entwicklung gesünderer Rosensorten - und auch die von
biologischen Kräftigungsmitteln zur Unterstützung
sowohl anfälliger als auch robuster Sorten - immer
wichtiger werden.
 Auch das Klima wird offenbar nicht besser, Rosenfreunde werden sich auf Extreme einstellen müssen; was
wir auf jeden Fall künftig vermeiden sollten, ist das zu
frühe Entfernen des Winterschutzes bei empfindlichen
Rosen, auch, wenn März und April noch so sommerlich
werden. - Bezüglich des ersten Buches möchte ich noch
sagen, dass sich die von mir als anfällig beschriebene
„Erinnerung an (Herrn Max ...) Brod" - eine

---

[26] Man hat festgestellt, dass die verwendeten Unterlagen
unserer Kultursorten (oft Sorten von Rosa canina, aber auch R.
rubinigosa und andere) keinen Einfluß auf die Blattkrankheits-
anfälligkeit des jeweiligen Rosenstockes haben, wohl aber auf
die Frostempfindlichkeit. Darum darf nicht unerwähnt bleiben,
dass Rosen, die auf frostempfindlicheren Unterlagen stehen,
evtl. im Winter stärker geschwächt werden, und darum in der
nächsten Saison übler von Pilzsporen befallen werden, als die
gleichen Sorten auf anderen Unterlagen. Aber auch, wenn es
nachvollziehbarerweise nicht möglich ist, immer die optimale
Unterlage für jede einzelne Sorte herauszufinden, bemühen
sich seriöse Anbieter, die bestmöglichen Unterlagen für ihre
Rosen auszusuchen, um ein gutes Gedeihen in mitteleu-
ropäischem Klima zu gewährleisten.

großblütige Kreation von Rudolf Geschwind aus dem Jahr 1886 - bei mir in den letzten Jahren als ziemlich robust erwiesen hat, und zwar, seitdem sie hoch hinauf in den Apfelbaum klettern darf (S.81/84)!

   - Habe ich ihr unrecht getan?!
Bemängelt wurde indes die Verwendung des in der Tat etwas dämlichen Wortes „Flächenrose", das ähnlich ungeeignet ist wie der Begriff „Bodendecker".

   Der Gärtner weiss zwar, was gemeint ist, aber beide Bezeichnungen beschreiben sowohl das Wuchsverhalten dieser Rosen als auch ihre Einsatzmöglichkeiten nur unzureichend. „Kleinstrauchrose" jedoch eignet sich, wie ich meine, als Sammelbegriff viel besser für die niedrig bleibenden unter den kompakt und aufrecht wachsenden Strauchrosen; es ist durchaus etwas verwirrend, dass dies die aktuelle Bezeichnung ist für pflegeleichte Rosen, die Ausläufer und lange, kriechende Triebe bilden, und durch dieses Wuchsverhalten als Bepflanzung für Flächen und Abhänge etc. besonders gut geeignet sind.

Und, ganz wichtig: Die kletternde Nachfahrin von „**New Dawn**" (1930), „Coral Dawn" (1952), von der ich selber kein Exemplar besitze, hat sich in vielen Gärten keineswegs als „robust" erwiesen (siehe erstes Buch Seite 60), was ich lustigerweise nur Tage nach dem Erscheinen des Buches erfuhr. So kann es gehen! -

Sämtlichen Diskussionen über den beklagenswerten Verfall der Deutschen Sprachkultur zum Trotz wurden auch einige Stimmen laut, die mein recht konsequentes Verharren im elaborierten Sprachcode kritisiert haben; für all diejenigen möchte ich also an dieser Stelle eine Rose in zeitgemäßem Nordhessisch vorstellen.

Haste nit gesehn, voll fett die krasse Rose, ey.

Die is voll so lilla, ey. Die geht awer ab wie Sau, ey; - boah. - Musste uffpassen: Die is au manchmas voll die Sissi, awer rechste dich nit uff, ey; die riecht so voll krass, das is *voll* fett ey; das is, kannste saren, <u>voll</u> fett die <u>fette</u> lilla Rose, ey; bie mäh steht se neben dr Quetsche.

Ja, die Poesie; hoffentlich habe ich nun auch meine Sprachkritiker zufrieden gestellt. Der letzte Satz ist übrigens völlig aus der Luft gegriffen, ich hab nur das Wort Quetsche so gern … -- Und das war´s.

Oben links: **Paco Rabanne**; oben rechts: Mein achtjähriges
Wildobstgehölz; ...unten links: **Charles Darwin**; unten rechts:
Scented Whisper

Stichwortverzeichnis

Abends oder früh am Morgen duftende Rosen:
Seite 34; Seite 73 unter „A"

Begleitpflanzen: Seite 23, 36; Fußnoten 17, 18, 19 und
20 ab Seite 38, 42, 43, 46, 49

Begleitpflanzen für Rosa rugosa: Seite 48, 53

Besondere Düfte: S. 13, 14, 20, 27, 31, 32, 34, 61, 62

Bibernellrosen: ab S. 27, 58 oben

„Blaue" Rosen: S. 14, 22, 37 unten, 57, 58, 64, 74,
79, 81; Fußnote 9 auf S. 24

Blütenernte: Fußnote 6 auf S. 19, 65

Bodenhilfsstoffe, auch für Kübel: Fußnote 12 auf
Seite 29; Seite 88; Seite 89

**Einfluss von Unterlagen auf Winterhärte und
Anfälligkeit:** Fußnote 26 auf Seite 82

**Einsatzmöglichkeiten für „Flächenrosen"
(="Bodendecker"):** S. 33, 48 und 49

Formieren der Sträucher: Seite 54 bis 57

Fruchtige Düfte: S. 14, 15, 19, 21 unten, 27 unten, 57

Frühblüher: ab Seite 27; Seite 73 unter „B"

**Früh im Jahr (ab Ende Mai) blühende
Sommerblüher:** Fußnote 9 auf Seite 24

Giersch: Fußnote 20 auf Seite 41

Hagebutten: S. 14, 27, 33, 34, 47, 52 unten, 71, 88

Halbschatten: S. 27, 32, 35

Herbstfärbung bei Rosen: S. 9, S. 22 oben, S. 27, S. 38 oben, S.48 Dark Foxi, S. 53 oben, S. 81

Honigduft: S. 31, S. 62, S. 90 unten

Inhaltsstoffe des Rosenduftes: Seite 8; Seite 62

Kartoffelrosen: Siehe Rugosa - Rosen

Öfterblühende Rosen, die Historischen Rosen ähneln: Fußnote 11 auf S.25; Seite 26

PH - Wert: Fußnote 15 auf Seite 35

Raritäten: S. 15, 57, 60, 78, 79, 88, 89, 90

Rugosa - Rosen: S. 27, 35, 37, 48, 49, 52, 60, 69, 71, Fußnote 9 auf S. 24

Spät im Jahr (ab Ende Juni) blühende Sommerblüher: Fußnote 10 auf Seite 24

Sandboden: ab Seite 27

Schnitt: Fußnote 14 auf Seite 32; Seite 54 bis 56

„Schwarze" Rosen: S. 34, 57, 79

Stecklinge: Fußnote 25 auf Seite 79

Einige Bezugsquellen
www. davidaustinroses.com
Tel. 00800 7777 6737, Fax 0044 1902 37 51 77
„ENGLISCHE ROSEN", aber auch MODERNE HYBRIDEN
von ALTEN ROSEN, und, z.B., von R. MOSCHATA

H. Clausen Schleswiger Straße 46, 24860 Böklund;
Tel. 04623 / 18510 - MODERNE, WILDE und
ADR - ROSEN; *SAMARITAN; PROUD BRIDE*

www country - flowers.de MODERNE HYBRIDEN
VON ROSA ALBA, Z.B. *RED BLUSH*

Rosen Jensen 24960 Glücksburg; Am Schlosspark
2b; 04631 / 60100 - SEHR GROSSE AUSWAHL,
R A R I T Ä T E N; VIELE RUGOSAS, AUCH CLEMATIS

W. Kordes´ Söhne 25365 Klein Offenseth -
Sparrieshoop; Rosenstraße 54; - 04121 / 48700 -
MODERNE, WILDE, RUGOSA- und ADR -
ROSEN; *HANSA*

Lacon 68759 Hockenheim, Piazolostraße 4a; - 06205
/ 18574 MYKHORRIZAPULVER ZUR
BODENOPTIMIERUNG,
DELBARD - ROSEN; ROSA GENEROSA

Landhaus Ettenbühl Hof Ettenbühl, 79415 Bad
Bellingen - Hertingen, www.Landhaus -
Ettenbuehl.de; - 07635 / 822357 NEUE HYBRIDEN
ALTER ROSEN; KATALOG-ANGABEN ZU
ROSEN MIT SCHÖNEN HAGEBUTTEN ! ;
ROSABELLA

An einer Möglichkeit für Sie, die Rosen von
Gergely Màrk beziehen zu können, arbeitet seit 2007:
M. Weingard, Hirtengasse 16, 99942 Bad Langensalza

Noack Rosen - 05241 / 14085 - AUCH ADR - ROSEN; ROBUSTE NEUZÜCHTUNGEN

Bioland - Rosenschule Ruf 61231 Bad Nauheim; Zum Sauerbrunnen 35; - 06032/ 81893 - GROSSE AUSWAHL; BESONDERS VITALE EXEMPLARE DURCH BIOLOGISCHEN ANBAU; *ACAPELLA*; *DUFTRAUSCH*; *COMMANDANT BEAUREPAIRE*

Karl Otto Schütt 25554 Vorder - Neuendorf 16 - Tel. 04823 9195 - ALTE UND WILDE ROSEN; R A R I T Ä T E N; *BLUE BOY*; *LA NEGRESSE*; *ROYAL MARBREÈ*; *MELDORF - ROSE*; *STAFFA*; *DENTELLE DE BRUXELLE*; *ROTES PHÄNOMEN*

www.Rosenhof Schultheis.de
61231 Bad Nauheim - Steinfurth, Rosenhof, - 06032 / 81013 - STÄRKUNGSMITTEL; BODENHILFSSTOFFE, BÜCHER, ROSENKOSMETIK, BEGLEITPFLANZEN; VIELE BIBERNELL- und RUGOSAROSEN; *R.PIMP. LATIFOLIA*; *KATHARINA VON BORA*; *GLOIRE DE JARDINS*; *ADAMS´ (EDEL)ROSEN*; *PINK CLOUD*; *SOPHIE SCHOLL*

Rosen - Tantau 25436 Uetersen, Tornescher Weg 13, - 041 22 / 70 84 - AUCH ADR - ROSEN, *ACAPELLA*; *DUFTRAUSCH*; *RHAPSODY IN BLUE*

Franz Wänninger 92665 Altenstadt, Händelstr.4; - 09602 6486 - Bezugsmöglichkeit für seine Rosen auch bei: **Baumschulcenter Schmidtlein**, 91090 Effeltricht, Oberer Bühl 18, - 09133 2378

Karl Zundel 34246 Vellmar, Warburger Straße 2,- 0561 / 821582 - ROSEN, STAUDEN, *RED NELLY; PAULA VAPELLE*

Auf Friedhöfen oder
verlassenem Grund,
in alten Großgärten
oder am Waldrand
finden sich
manchmal Rosen,
die mitsamt ihrer
Namen in
Vergessenheit
geraten sind.
Manche sind auch
als Zufalls-
kreuzungen
entstanden, und noch
gar nicht entdeckt
worden.

Sieht ein bißchen aus wie eine `„**Kiftsgate**" zu Fuß´:

Die Kleinstrauchrose „**Sternenflor**"

„Margaret Merril",
eine bewährte Duftrose fürs Beet.

Kugelige Fruchtansätze am
Blütenboden und
Gewürznelkenduft verraten
das Rugosa - Erbe der sehr
guten Speiserose
„Parfum de l´Hay" (rot).